Zeitzeugenbörse Duisburg e.V.

Die Reihe Archivbilder

AF217441

DUISBURG
IM BOMBENHAGEL

SUTTON
VERLAG

ABKÜRZUNGEN

8 USAAF	8-US Air Force		MOS	Mosquitos
AC	Aircraft		OBOE,	
BC	Bomber Command		GH, H2S	Radarsysteme der Briten
BG	Bomber Group		PFF	Pathfinder Force | Pfadfinder-einheit
BLE	Blenheim Bomber			
FOR	Fortress Bomber		RAF	Royal Air Force
HA	Halifax Bomber		STI	Stirling Bomber
HAM	Hampden Bomber		Sq	Squadron
lb	Abk. Pound | 1 lb = 0,453 kg		TI	Target Indicator | Leuchtbombe
LA	Lancaster Bomber		WE	Wellington Bomber
LS	Luftschutz		WH	Whitley Bomber
MAN	Manchester Bomber			

Sutton Verlag GmbH
Hochheimer Straße 59
99094 Erfurt
www.suttonverlag.de

Copyright © Sutton Verlag, 2012
ISBN: 978-3-95400-107-1

Druck: Books on Demand GmbH, Norderstedt, Deutschland

DUISBURG
IM BOMBENHAGEL

SUTTON
VERLAG

INHALTSVERZEICHNIS

VORBEMERKUNGEN

Duisburg – Wirtschafts- und Handelszentrum am Zusammenfluss von Rhein und Ruhr. Wenn heute die Menschen am Abend das Licht in ihren Häusern löschen, erhellt oftmals der Schein der großen Stahlwerke den Nachthimmel über der Stadt. Während des Zweiten Weltkriegs jedoch konnte jeder Lichtschein Zerstörung und Tod bringen, denn auch Duisburg stand ab 1940 im Zeichen der Luftangriffe der britischen Royal Air Force (RAF). Die Verdunklungsmaßnahmen blieben weitgehend wirkungslos.

Bis heute begegnen uns Zeugnisse jener Schreckensjahre im Stadtgebiet und lassen diese Zeit nicht in Vergessenheit geraten: angefangen bei den zahllosen Luftschutzbunkern in allen Stadtteilen, über Hausruinen, Schutzraumhinweise an Hauswänden, bis hin zu den immer wiederkehrenden Bombenfunden.

Bereits in den ersten Jahrzehnten des 20. Jahrhunderts hatte sich Duisburg zu einer Industriemetropole am Zusammenfluss von Rhein und Ruhr entwickelt. Große Industriebetriebe hatten sich im Laufe von wenigen Jahrzehnten an diesem verkehrsgünstig gelegenen Standort, und hier insbesondere an der Rheinschiene, angesiedelt.

Der Ruhrorter Hafen war nach rund 200 Jahren zum größten Binnenhafen der Welt herangewachsen und war Umschlag- und Verteilerzentrum für Güter aller Art. Die mittelalterliche Stadt war längst über ihre Stadtmauern hinausgewachsen und nach 1929 durch Eingliederung der ehemaligen Stadt Hamborn und von Teilen der Bürgermeisterei Düsseldorf-Angermund zur Großstadt geworden.

Dieses Buch will auf die Jahre des Luftkriegs in der Stadt an der Ruhrmündung zurückblicken, in denen das Grauen vom Himmel fiel. Ganz besonders sind den Duisburgern der 14./15. Oktober 1944 in Erinnerung, die Tage, an denen in drei Angriffswellen in nur 18 Stunden die Stadt im Rahmen der größten Luftoperation der Alliierten, der „Operation Hurricane", in Schutt und Asche versank.

Was machte diese beiden Tage für die Bewohner so unvergesslich? Diese Frage begleitete die Autoren seit Beginn ihrer Forschungen. Zu Beginn der 1990er-Jahre wurden die Nachforschungen in Anbetracht des damals bevorstehenden 50. Jahrestages weiter intensiviert. Die Autoren beschränkten sich nicht auf die Duisburger Quellen, sondern nutzten auch die Archive der Briten und Amerikaner. Eine Befragung von Zeitzeugen ergab ein Puzzle des Schreckens, das es in eine Form zu bringen galt. Seit 1996 unterstützt Melanie Patten die Forschungen zum Thema und hat insbesondere die Recherchen in den britischen und US-Archiven maßgeblich geprägt. Und seit 2002 haben sich Marc Danullis, Hans Drehsen, Markus Mosch, Wolfgang Röthig, Andre Sommer, Reinhold Stausberg und Eric Zeppenfeld zunächst im Rahmen der Forschergruppe „Garnison Duisburg", aus der dann der Verein Zeitzeugenbörse Duisburg e.V. hervorging, intensiv mit der Kriegs- und Luftkriegsgeschichte befasst. Ihre Forschungsergebnisse sind ebenfalls in dieses Buch mit eingeflossen.

Heute sind ca. 50.000 von insgesamt knapp 500.000 Einwohnern Duisburgs so alt, dass sie den Krieg noch bewusst miterlebt haben. Die Kriegsjahre haben in diesen Menschen Spuren hinterlassen. In den Gesprächen mit den Zeitzeugen war jedoch auch schnell zu merken, dass seither viel Zeit vergangen ist, so dass sie sich nicht immer zuverlässig erinnern können. Andererseits verlor die Unmenschlichkeit des Krieges in den Gesprächen an Abstraktion. Sie wurde deutlicher, konkreter, weil sie sich in vertrauter Nachbarschaft ereignete. Stadtteil-identität trat zutage, Straßennamen, die heute noch existieren, und Menschen, die man erkennt, wenn die Zeitzeugen von dem erzählten, was sie damals erlebt haben.

Während die einen in den Luftschutzkellern und Bunkern um ihr Leben bangten und viele auf schrecklichste Art und Weise zu Opfern dieses Krieges wurden, gab es zur gleichen Zeit und am gleichen Ort teilweise erst 15 bis 16 Jahre alte Jungen, die als Flakhelfer oder Feuerwehrhelfer dem Bombenhagel schutzlos ausgeliefert waren, und Frauen, die im Kriegs-hilfsdienst eingesetzt waren.

Und auch Tausende von Zwangsarbeitern hätten sich glücklich geschätzt, wenn sie Luftschutzräume überhaupt hätten betreten dürfen. Oftmals mussten ihre deutschen Kol-legen, die sie entgegen der nationalsozialistischen Ideologie als Mitmenschen betrachteten, hilf- und tatenlos zusehen, wie sie von Bomben getötet wurden. Nach den Angriffen waren es Häftlinge, häufig politische Gegner des Regimes, die unter Lebensgefahr Blindgänger und Bomben mit Langzeitzündern wegschaffen mussten. Die jüdischen Bürger der Stadt waren, bevor die Luftangriffe 1943 ihre Höhepunkte erreichten, überwiegend bereits in die Ghettos und Vernichtungslager in Osteuropa deportiert und dort ermordet worden. Die noch in der Region verbliebenen Juden durften die öffentlichen Luftschutzräume ebenfalls nicht benutzen.

Gespräche und Nachforschungen zeigten sehr schnell, dass es sich bei den Ereignissen am 14./15. Oktober 1944 nicht nur um einen der vielen Luftangriffe auf die Stadt Duisburg handelte, sondern um die größte Luftoperation des Zweiten Weltkrieges überhaupt. Bei einem Besuch im Public Record Office in London fanden wir heraus, dass die Ereignisse in Tausenden von Akten und auf ebenso vielen Mikrofilmen minutiös festgehalten sind. Die Einheiten des Bomber Command (BC) erstellten jeweils eine zuverlässige Dokumentation ihrer Operationen. Ein weitsichtiges Luftfahrtministerium bestellte Standardformulare, die Air Force Forms 540 und 541, die jede Maschinenbesatzung nach jedem Einsatz ausfüllen musste. Die Seriennummer der Maschine, die Crew, die Bombenladung und die Startzeit wurden notiert. Wenn die Maschine sicher zurückkam, wurden der Zeitpunkt der Landung und ein Kurzbericht der Erfahrungen der Crew während des Fluges hinzugefügt. Das Bom-ber Command Headquarter fertigte den Abschlussbericht eines jeden Angriffs an. Da sich alle Dokumente auf britischem Territorium befanden, blieben sie erhalten.

Im früheren Public Record Office, den heutigen National Archives, im schönen Themse-städtchen Kew in der Grafschaft Surrey konnten wir über 250 dieser Operation Record Books von Bombern, Squadrons, Wings, Groups bis hin zu den Airfields, den Flugplätzen, durch-sehen und auswerten. Hinzu kamen noch einmal fast 200 Appendices, Anhänge mit weiteren detaillierten Informationen. Insgesamt waren es über 2.000 Akten, die gesichtet wurden.

Ein Besuch im Royal Air Force Museum in Hendon im Norden Londons führte uns dann die Bomben direkt vor Augen. Dort trafen die Autoren auf Mr Douglas Radcliffe, Secretary der Bomber Command Association, der sich im zufälligen Gespräch an eigene Erlebnisse über Duisburg erinnerte. Daraus entwickelte sich eine Suchaktion, die in einem Aufruf von Mr Radcliffe an die Veteranen des Bomber Command mündete, uns ihre Erinnerungen zur Verfügung zu stellen. Fast 3.500 ehemalige RAF-Mitglieder antworteten.

Unweit der Waterloo-Station findet man in der britischen Hauptstadt noch ein weite-res Museum, in dem ebenfalls Erinnerungen an die beiden Weltkriege ausgestellt sind, das

Imperial War Museum, das zudem über einen reichhaltigen Bildbestand verfügt und in dem sogar Filme von Angriffen auf Duisburg zu finden sind.

Dieses Buch kann vielleicht denen Antworten auf ihre Fragen geben, die damals nahe Verwandte oder Hab und Gut verloren haben. Wir möchten deshalb so gründlich wie möglich vorgehen, alle Quellen zusammenbringen und die geschichtlichen, taktischen und technischen Vorgaben und Zusammenhänge schildern. Beispielsweise haben wir die Bezeichnungen der britischen und amerikanischen Truppenteile im Original übernommen, aus einer Squadron wird somit keine Schwadron. Gleiches gilt für die Dienstgradbezeichnungen und die Bombengewichte.

Das Buch soll aber auch der Tatsache einer bislang immer wieder falschen Geschichtsschreibung Rechnung tragen und eine Richtigstellung versuchen. Die Recherchen in den zahllosen Archiven zeigten, dass man sich in Duisburg bislang nur sehr oberflächlich mit den Hintergründen der Geschichte des Luftkriegs beschäftigt hatte und diese neu geschrieben werden muss.

Die Toten des Krieges und in unserem Fall der „Operation Hurricane" werden ebenfalls nicht vergessen. Sie alle, die auf so tragische Weise umkamen, müssen in einem Buch über den Zweiten Weltkrieg immer präsent sein. Alleine die Zahl der Opfer im Rahmen der „Operation Hurricane" war fast doppelt so hoch wie bislang immer wieder angenommen. Auch muss die Gesamtzahl der Luftangriffe auf die Stadt an der Ruhrmündung neu betrachtet werden. Bislang sprach man immer von 299 markanten Luftangriffen. Hier soll das Buch dazu dienen, die notwendigen Korrekturen, insbesondere unter Einbeziehung der erst weit nach Kriegsende zugänglichen, insbesondere britischen Quellen zu erörtern.

Ganz besonders danken wir der Offenheit und dem persönlichen Engagement des Sekretärs der Bomber Command Association, Douglas Radcliffe, der durch seine Fürsprache die früheren Angehörigen der RAF davon überzeugte, unser Projekt zu unterstützen. Ebenso sei allen Archivmitarbeitern der benutzten Archive in den USA, in England und Deutschland für die große Hilfe bei der Suche nach Akten und Dokumenten gedankt.

Unser Dank gilt auch Annette Tison, Fairfax Station, Virginia, Forscherin bei der 392nd Bomb Group, die uns bislang unbekannte Aufnahmen eines Ausflugs von US-Soldaten durch Duisburg zwei Tage nach der Kapitulation zusandte. Man findet sie auch im Internet unter: www.b24.net

Der Kampfmittelräumdienst beim Regierungspräsidenten in Düsseldorf erläuterte uns freundlicherweise die Abwurfmittel, die damals so viel Angst und Schrecken verbreiteten.

Wenn sich seitdem im Bewusstsein der Deutschen etwas geändert und man hinzugelernt hat, dann gerade angesichts des Entsetzens über den Krieg. Eben dieses Hinzugelernte sollte den heutigen Blick auf die Vergangenheit auch leiten. Deshalb lädt das Buch dazu ein, das Geschehen von damals im Bewusstsein zu halten, gerade indem wir die „Geschichte von unten" erzählen.

Dieses Buch weckt Erinnerungen an eine der grauenvollsten Zeiten, die die Stadt Duisburg je erleben musste. Die über 70 Jahre, die seitdem vergangen sind, haben die apokalyptischen Erlebnisse vielleicht verblassen lassen. Aber sie sollten niemals vergessen werden und künftigen Generationen stets Mahnung und Warnung sein.

DIE ZEITZEUGEN

Zeitzeugen in Duisburg (in Klammern steht das Geburtsjahr, falls bekannt)
Helmut Bahr, Käte Berens, Käthe Bongards, Herr Bresser, F. Conrads, Adele Dahm, F. Dehnen (1920), Peter Emmerich, Anneliese Ewers (1914), Helene Fastenrath, Frau Gesing (1930), Martha Geschwandtner, Emmi Giebelhausen, Waldemar Giecek (1929), H. Golinski (1928), Margareta Grzegorek (1908), Frau Halama (1925), Inge Hegmann (1927), Heinrich Hildebrandt, Dr. Josef Hölting (1912), F.J. Hörtling (1922), Marianne Intveen-Lindner, H. Jägers (1918), Hildegard Jakobs, Elfriede Joch (1927) – Rengsdorf/Westerwald, Maria Kalutza, Karoline Kasnitz (1898), F. Klapdohr (1915), Herr Kloss, Marga Kölscheid, Helga Kondryn (1938), F. Koschik, Schwester Mechtilde Kotterik – Rom, Susanne Krämer (1921), Gerhard Latussek, Waltraud Lemärie, Eleonore Lennig, F. Lindner (1926), Hans Lohmann (1929), Horst Lohmann (1933), Richard Luthard, F. Maas, Paul Mismahl, Käthe Molder, Heinz Moll, Hildegard Müller-Schroer, Willy Neikes, Karl Niehaus, F. Niersmann, Albert Ottersbach, Hans Pawlowski, Fritz Pfennig, Herr Pollert, Wilhelm Pullen, F. Rath, F. Riesen (1922), F. Ritter, Hildegard Rüdiger (1934), Karlheinz Schauenburg (1929), Hertha Scheu, Wilhelm Schnitzler, Friedrich Steinke, Sophie Suhren, Marianne van Suntum (1932), Ruth Thamm (1923), Horst Vogelsang, Bernhard Wagner (1936), Liesel Weidemann (1933), Karl Weiler, Johann Welling, Hans Wilde (1929), F. Witte, Herr Wittenschläger (1913), Gisela Wodtke, Josef Wolters (1927), Rudolf Zillgen, H. Zimmer.

Zeitzeugen in England
Kenneth F. Acland, Durleigh, Bridgwater, Sommerset; J.B. Bage, Redrath; A.J. Ball, Borham Wood; L.G. Buckell, Shaw; R.J.F. Cann, Bath; Bill Chorley; C. Cooper, Wedensbury; P.B. Crisp; IG Buckell, Shaw, Newbury, Berkshire; Adam Thomas Dugdale, Dutton Manor; F.F. Fish, Bexhill on Sea; Ray. R. Jones, Eastville, Bristol; Jim Mac Donald, Feltham; Basil Moslin, Whitefield, Manchester; H.N. Mottershead; A.P. O'Hara, Chester; Roy Pengilley, Henley on Thames; Douglas Radcliffe, Hendon; WCI Ray; Ted Richardson, Carlton; Alan Simpson, Dunstable; Les Speakman; A. Stokes, Mill Hill, London; R. Tungatt; A.C. Wedderburn, St. Ives; R.J. Wells, Lincoln; Arthur White, Dewsbury; Vernon T. Wilkes, Ipswich; Tom Wingham, Suffolk; G. Worley, Werrington Mews.

Zeitzeugen in Kanada
Paul Bourdages, Quebec; Fred G. Hammacott, Agincourt, Ontario; Richard Perry, Vancouver, British Columbia.

Zeitzeugen in Australien
B.A. Buckham, Indooroopilly; Don Forwood, Tasmanien; Ross Wheaton, Rostrevor, South Australia; J. Quinn, Attadale.

Zeitzeugen in Südafrika
W.S. Thorby, Knysna, South Africa.

FOTO- UND LITERATURNACHWEIS

Die in diesem Buch verwendeten Fotos zeigen eine sehr unterschiedliche Bildqualität, da es sich um Originalaufnahmen aus den Kriegsjahren handelt. Die Bandbreite reicht von offiziellen Fotos diverser Dienststellen, professionellen Pressefotos über Standbilder aus noch vorhandenen Filmaufnahmen bis zu Schnappschüssen von Zeitzeugen. Die historischen Aufnahmen und Postkarten stammen zum größten Teil aus dem Privatbesitz der bereits oben genannten Zeitzeugen sowie den Archiven.

Archive

DEUTSCHLAND
Archiv des Bürgervereins Duisburg Laar, Heinz Jung; Deutscher Wetterdienst, Zentralamt; Institut für Zeitgeschichte; Landesarchiv Berlin; Stadtarchiv Braunschweig; Stadtarchiv Duisburg; Historisches Archiv Köln; Stadtarchiv Mannheim; Stadtarchiv Moers; Stadtarchiv Mülheim; Stadtarchiv Oberhausen; Stadt Archiv Rheinberg.

ENGLAND
BBC, Britain Archives Center, Reading; BBC Hulton Picture Library; Commonwealth War Graves Commission, Maidenhead; Imperial War Museum, London; Public Record Office, Kew, Richmond, Surrey (heute The National Archives); Royal Airforce Museum, Hendon, London.

USA
National Archives Washington, D.C.; National Archives Trust Fund, Kansas City USA.

1

DIE INDUSTRIESTADT DUISBURG ALS ZIEL
ALLIIERTER BOMBENANGRIFFE

Im Zuge der Industrialisierung hatte auch Duisburg im Jahr 1904 die magische Schwelle von 100.000 Ein-
wohnern überschritten. Man wurde Großstadt, ein Ereignis, das man sicherlich gebührend feierte. Doch
niemand dachte zu diesem Zeitpunkt daran, dass diese Zahl das Schicksal der Stadt Duisburg 38 Jahre
später besiegeln würde.

Bereits vor der Machtergreifung der NSDAP hatte deren Führer Adolf Hitler am 24. Juli 1932 der Stadt Duisburg einen Besuch abgestattet, um vor den „Arbeitern der Stirn und der Faust" für seine Ziele zu werben. Gut 55.000 Menschen waren in das Stadion in der Wedau gekommen, um Hitler zu sehen. Danach führte sein Weg in die Wohnviertel und an die Arbeitsplätze der Menschen. Insbesondere in den Dreißigerjahren wurden in Duisburg einige neue Siedlungen und Industriebetriebe gebaut. Nur wenige hinterfragten den Weg, auf den Hitler Deutschland „führen" würde und der mit dem Tod von Millionen von Menschen und der Zerstörung weiter Teile Europas endete.

Als Churchills wissenschaftlicher Berater hatte Frederick A. Lindemann berechnet, dass über 22 Millionen Deutsche in 58 Städten mit mehr als 100.000 Einwohnern lebten. Dass diese Städte nicht nur sehr leicht zu finden, sondern aufgrund ihrer Größe auch sehr leicht zu treffen waren, stand für ihn im März 1942 außer Frage. Wenn man nun die Häuser der Großstädter zerstören würde, dann würden die nun obdachlosen Deutschen so schockiert sein, dass sie auf die Beendigung des Krieges drängen würden. Lindemanns Ausführungen und seine Rechenmethode bildeten natürlich nicht die alleinige Grundlage für den Entschluss, deutsche Großstädte zu bombardieren. Letztlich wurde Duisburg zu einem der Hauptziele des RAF Bomber Command.

Warum die Wahl auf Duisburg fiel, begründete Lindemann folgendermaßen: „Duisburg – dieses Gebiet, das Duisburg, Hamborn, Ruhrort und eine Zahl geringfügiger Städte umfasst, ist eines der am meisten industrialisierten im Ruhrgebiet. Es liegt am Zusammenfluss von Ruhr und Rhein, wo der größte Binnenhafen der Welt gebaut wurde. – Die Hauptindustrien sind Kohlebergbau und damit verbundene Koks- und Rohrprodukte: Walzwerke, Stahl, Roheisen, Schwermaschinenbau und Chemieindustrie. Transportmittel: Der Binnenhafen ist der größte Umschlagplatz zwischen Schiene und Wasser in Deutschland, und alle Rohprodukte, die den Rhein heraufgebracht werden, gelangen hier in die Ruhr, während Halbfertigprodukte von hier in die Produktionsgebiete am Oberrhein gesandt werden. Das ganze Gebiet ist ein Netz von Eisenbahnen sowie stark frequentierten und wichtigen Rangierbahnhöfen."

Der besondere Charakter Duisburgs an der Ruhrmündung in den Rhein, der am weitesten nach Westen vorgelagerten Industriestadt des Ruhrgebietes, die vor dem Krieg ein Drittel der Eisen- und Stahlproduktion des Altreiches lieferte sowie ihre Bedeutung als Verkehrsknotenpunkt und größter Binnenhafen der Welt, der für die Versorgung des Rhein-Ruhr-Gebiets und den Umschlag der Güterproduktion dieses Wirtschaftsgebietes mit ausschlaggebend war, ließen die Stadt also als bevorzugtes Ziel britischer Bomber erscheinen.

Es war für die Engländer nicht immer einfach, einen geplanten Angriff geheim zu halten. Die Vorbereitungen waren auf den zahlreichen Einsatzflughäfen in den vielen Städten und Dörfern entlang der britischen Ostküste nicht zu verbergen. Dennoch war es für die Deutschen nicht einfach, das jeweilige Ziel zu ermitteln, denn die Engländer hatten den Städten in Deutschland Decknamen gegeben. Diese wurden immer bis zum „briefing", der Einsatzbesprechung vor einem Angriff, geheim gehalten.

Insbesondere die Stahlindustrie wurde im Kriegsverlauf zu einem bevorzugten Ziel der alliierten Bomber, wie hier die Niederrheinische Hütte in Hochfeld.

Auf der Prioritätenliste der Briten in der Kategorie 1 ganz oben stand die August-Thyssen-Hütte in Bruckhausen. Die Hochöfen und Stahlwerke dienten der Stahlerzeugung für Waffen im Kriegseinsatz. Ihre Zerstörung war daher ein vorrangiges Ziel.

Die Luftangriffe gegen Deutschland wurden vom RAF Bomber Command akribisch genau geplant. W.S. Thorby aus Knysna in Südafrika hat dieses Foto bei der Vorbereitung des „briefings" gemacht.

Trotzdem wären diese Codenamen leicht zu entschlüsseln gewesen, wenn man sie denn abgehört hätte. Man hätte sie dann mit den Zeitungsmeldungen am Morgen nach einem Angriff vergleichen können, um die Decknamen den tatsächlichen Städtenamen zuordnen zu können.

Da Air Marshal Robert Saundby, Stabschef im Bomber Command, ein begeisterter Sportangler war, verwendete er kurzerhand Fischnamen zu Codierung. Eine Liste mit den „Fish Code"-Namen der deutschen Städte fanden die Autoren im Public Record Office in Kew. Sie weist, mit handschriftlichen Nachträgen, insgesamt 70 Städte in alphabetischer Reihenfolge, von Aachen bis Zwickau, auf. Duisburg erhielt den Codenamen „cod", das englische Wort für „Kabeljau".

Als der bekannte Verleger Karl Baedeker im 19. Jahrhundert seine ersten Reisehandbücher herausgab, dachte niemand daran, dass sein Name für die Planer des Bombenkrieges unrühmliche Bedeutung erlangen sollte. Die ersten, die auf Baedekers Reiseführer zurückgriffen, waren die Deutschen. Als die RAF dann 1942 ihre Flächenbombardements auf deutsche Städte begann und die alten Hansestädte Lübeck und Rostock mit ihren unersetzlichen Baudenkmälern ein Raub der Bomben wurden, befahl Hitler am 14. April 1942 Angriffe auf die historischen Städte Englands, die im Baedeker standen: Bath, Canterbury, Exeter, Norwich und York.

Die Briten zogen im Januar 1943, also nur kurz vor Beginn der strategischen Bomberoffensive gegen das Ruhrgebiet, nach. Zum Gebrauch in den Bombereinheiten erschien „The Bombers Baedeker".

Mit dem größten Binnenhafen der Welt in Ruhrort gab es noch ein weiteres kriegswichtiges Ziel für das RAF Bomber Command neben den Industrieanlagen. Die Stadt war an so vielen Punkten verwundbar, dass eine Bombardierung immer einen Erfolg für die Bomberbesatzungen sein musste.

Dass bei dieser Dichte von kriegswichtigen Zielen auch die Innenstadt – hier der König-Heinrich-Platz in den 1930er-Jahren – und die bevölkerungsreichen Stadtteile mit ihren Arbeitersiedlungen in Mitleidenschaft gezogen wurden, war fast zwangsläufige Folge.

15

Dieser „Reiseführer für Bomberbesatzungen", der als geheim klassifiziert war, war mit der Schreibmaschine geschrieben und hektografiert. Er gab detailliert Aufschluss über die wirtschaftliche Bedeutung der deutschen Groß- und Kleinstädte. Erstellt hatte ihn die „Abteilung Feind" im Ministry of Economic Warfare, dem Ministerium für Wirtschaftskriegsführung. Der „Reiseführer" umfasste alle deutschen Orte über 15.000 Einwohner und enthielt eine Auflistung der kriegswichtigen Betriebe und Anlagen der jeweiligen Stadt.

Die Städte waren alphabetisch sortiert, wobei unter „Region Duisburg" auch die kleineren Nachbarstädte Oberhausen, Mülheim, Rheinhausen und Uerdingen aufgeführt waren. Manche Zuordnungen waren jedoch verwirrend: So waren von den insgesamt acht Uerdinger Betrieben, die erwähnt wurden, vier unter „Krefeld" aufgeführt und die anderen im Abschnitt „Duisburg" zu finden.

Die als kriegswichtig eingestuften Betriebe und Anlagen waren pro Stadt in drei Prioritätsstufen eingeteilt. In der Duisburger Prioritätenliste standen ganz oben in der Kategorie 1+ die Friedrich-Alfred-Hütte in Rheinhausen und die August-Thyssen-Hütte Hamborn als Stahlproduzenten. In die Kategorie 1 fielen außerdem das Hafengebiet mit seinen Speichern und Lagerhäusern, die Gesellschaft für Teerverwertung in Meiderich und das DEMAG-Werk I.

Zur Kategorie 2 zählten die Verschiebebahnhöfe Wedau und Ruhrort, die Thyssen Gas- und Wasserwerke, die Kokereien Bruckhausen und Meiderich, die Niederrheinische Hütte, die Kupferhütte, das DEMAG-Werk II und die Chemiefabrik Curtius.

In der Kategorie 3 standen die Eisenbahnwerkstatt Wedau, der Verschiebebahnhof Duisburg, die Eisenbahn-Werkstatt Hamborn, die Stadtwerke mit ihrem Elektrizitätswerk und dem Gaswerk, die Werke 1 und 2 von Matthes & Weber, die Kokereien Neumühl und Phoenix-Westende, die Zechen Neumühl und Beeckerwerth, die Hütte Ruhrort Meiderich, das Hüttenwerk Meiderich, die Hütte Vulkan, die Vereinigten Deutschen Metallwerke, die AG für Zinkindustrie (Berzelius), die Eschwerke, das Kabelwerk, die Werft Ewald Berninghaus, die Werkzeugfabrik G. Rubbert und die Firma Theisen.

Der große Verschiebebahnhof in Hohenbudberg wurde dem Stadtgebiet Krefeld zugerechnet. Er war in den Kriegsjahren der fünftgrößte Verschiebebahnhof Deutschlands und hatte ein Leistungsvermögen von 6.700 Waggons pro Tag.

Ein Hauptziel, das man in der Stadt Duisburg fand, war der Ruhrorter Hafen, dem man eine ganz besondere Bedeutung beimaß. Er war nicht nur der einzige Hafen, der im „Bombers Baedeker" für die hiesige Region erwähnt wurde, sondern er wurde auch in die höchste Priorität (1+) eingestuft.

Es ist verwunderlich, dass die zahllosen Rheinbrücken nicht erwähnt wurden, auch nicht die Eisenbahnbrücken, obwohl gerade deren Zerstörung den deutschen Nachschub massiv behindert hätte.

Duisburg litt sehr unter seiner Lage direkt in der Einflugschneise in das Ruhrgebiet. Das zeigt insbesondere ein Vergleich der befohlenen Angriffe, die in den „Bomber Command War Diaries", den Kriegstagebüchern des RAF Bomber Command, wiedergegeben sind, mit den 299 Angriffen, die die bisherige Duisburger Luftangriffsstatistik aufführt.

F.F. Fish aus Bexhill on Sea und seine Flugzeugbesatzung ließen sich vor einem Einsatz fotografieren. Sehr oft wurde ihnen Duisburg als kriegswichtiges Angriffsziel befohlen. Doch auch das Bomber Command hatte viele Verluste zu beklagen.

Aiming point		Date	A/F	Number of aircraft	Bomb Tonnage :HE:IB:Frag:			Total Tons
City area		*1-1-44	RaF	1	1			1
"	"	2-1-44	"	2	2			2
"	"	*6-1-44	"	11	11			11
"	"	7-1-44	"	1	1			1
"	"	13-1-44	"	6	6			6
"	"	21-1-44	"	3	3			3
"	"	29-1-44	"	7	7			7
"	"	*2-2-44	"	3	2			2
"	"	5-2-44	"	2	3			3
"	"	11-2-44	"	3	3			3
"	"	*22-2-44	"	4	4			4
"	"	4-3-44	"	4	7			7
"	"	5-3-44	"	9	12			12
"	"	*7-3-44	"	1	2			2
"	"	10-3-44	"	28	29			29
"	"	*11-3-44	"	2	4			4
"	"	27-3-44	"	13	20			20
"	"	9-4-44	"	1	2			2
"	"	*21-5-44	"	488	964	521		1485
"	"	30-6-44	"	1	1			1

AUGUST THYSSEN HUTTE A.G.   EXHIBIT Q3 (cont')

Diese Liste von Bombenabwürfen auf die August-Thyssen-Hütte in Duisburg im ersten Halbjahr 1944, die sich im National Archiv in Washington befindet, zeigt sehr deutlich, welcher „Aiming point", also welcher Zielpunkt den Besatzungen vorgegeben wurde: die „City area", das „Stadtgebiet".

Die Stadt Duisburg innerhalb ihrer alten Stadtgrenzen wurde von der RAF für 115 Angriffe als Ziel ausgewählt, einer davon wurde abgebrochen. Zehnmal war Hamborn das befohlene Ziel und je zweimal traf es Meiderich und Ruhrort. Die damals noch selbstständige Stadt Rheinhausen wurde offiziell neunmal angegriffen und Homberg war bei 21 Angriffen das Ziel der britischen Bomber. Insbesondere 1944 war die Ölproduktion in Homberg im Visier der britischen Bomberverbände.

Rechnet man die Zahl der Angriffe zusammen, so erreicht man, selbst wenn man zu den 129 Angriffen gegen das alte Stadtgebiet Duisburgs die 30 Angriffe gegen Homberg und Rheinhausen hinzurechnet, bei weitem nicht die Zahl von 299 Angriffen, die in der bisherigen Geschichtsschreibung immer verwendet wurde.

Die Zahl der Angriffe auf Duisburg ging von 57 im Jahr 1940 auf 40 im Jahr 1941 und 39 im Jahr 1942 zurück, andererseits nahm ihre Schwere von Jahr zu Jahr stark zu. Eine besondere Verschärfung der Lage brachte das Jahr 1942, als die RAF nicht nur über doppelt so viele Sprengbomben und eine gewaltige Anzahl von Brandbomben (1941: 6.400, 1942: 124.400) zum Abwurf brachte, sondern erstmals auch Luftminen und Brandbomben neuer Art, wie Kanister- und Phosphor-Brandbomben.

Fast sieben Jahrzehnte nach Kriegsende und nach fast 20 Jahren der Recherchen zum Luftkrieg auf die Stadt Duisburg wurde nach Sichtung Tausender Quellen deutlich, dass die Zahl der bisher angenommenen 299 Luftangriffe auf Duisburg im Rahmen des Bombenkrieges nicht stimmen konnte.

Duisburg. An der Königstraße

Der Alltag ging in Duisburg auch nach Kriegsbeginn normal weiter. Die Menschen, die hier über die Königstraße am König-Heinrich-Platz flanieren, ahnten noch nicht, welche unseligen Auswirkungen der Luftkrieg ab 1940 über sie und die Stadt bringen sollte.

Die nationalsozialistische Führung schwor die Menschen gerade zu Kriegsbeginn auch auf Duisburgs Straßen und Plätzen auf die zukünftigen Opfer ein. Hier ein Werbepylon am Friedrich-Wilhelm-Platz mit der Aufschrift „Die Kraft der Nation liegt im Opfer".

Die Widersprüche zwischen den Quellen in England, den USA und Deutschland weckten bei den Autoren das Bedürfnis, eine Klärung in Bezug auf die abweichenden Zahlen der Bombenangriffe herbeizuführen. Im Folgenden soll auf markante Punkte der Forschungen eingegangen werden, die Rückschlüsse auf die tatsächliche Zahl der Angriffe zulassen.

Im „Bomber Command War Diary" (BCWD) sind Angriffe ausgewiesen, die sich präzise gegen Duisburg oder einen Stadtteil im alten Stadtgebiet richteten (auch im Rahmen einer Serie gegen mehrere Städte). Darüber hinaus gab es jedoch Angriffe gegen Deutschland oder „the ruhr" (das Ruhrgebiet) oder auch zahlreiche Angriffe gegen Nachbarstädte, bei denen Duisburg zum „Ersatzziel" wurde.

13-mal wurde Duisburg von Bomben getroffen, wenn das RAF Bomber Command als Ziel das Ruhrgebiet angegeben hatte. 34-mal war die Zielangabe mit „Deutschland" noch weiter gefasst. 136-mal kam es zu Bombenabwürfen über Duisburg, obwohl eine andere deutsche Stadt als Ziel angegeben war. Nur 132-mal wurde den britischen Bombern gezielt Duisburg oder ein Stadtteil im alten Stadtgebiet als Ziel befohlen. 33-mal trafen die Bomben bei diesen Angriffen nicht ihr Ziel.

Hinzu kamen Angriffe auf die früher selbstständigen Städte Rheinhausen und Homberg, die jedoch gesondert aufzuführen sind, auch wenn gleichzeitig Duisburg als Ziel ausgewiesen war. Vom 25. Juni bis 27. August und vom 25. Oktober bis 21. November 1944 erfolgten mit Unterbrechungen zwei Angriffsserien gegen die Rheinpreußen-Raffinerie in, gemäß der britischen Zuordnung, Homberg/Meerbeck.

Die Friedrich-Alfred-Hütte in Rheinhausen war durch ihre exponierte Lage am Rhein auch ohne Zielmarkierung ein gut erkennbares Ziel für die Bomber des Bomber Command.

Homberg war eigentlich ein idyllisches Städtchen am Rhein. Der damals noch selbstständigen Stadt wurde eines der wichtigen Hydrierwerke im Ruhrgebiet, die Schmierölwerke Rheinpreußen, gerade in der Endphase des Krieges zum Verhängnis.

Wie konnte es nun zur fehlerhaften Berechnung der Anzahl der Luftangriffe auf Duisburg kommen? Es ist davon auszugehen, dass der Duisburger Polizeihauptmann Köther im Jahr 1945 sehr schnell eine Liste zur Feststellung aller Kriegsschäden fertig stellte, ohne die vorhandenen Angriffsberichte zu Rate zu ziehen.

Da diese 1945 angelegte Liste zahlreiche Fehler enthält, erstellten die Autoren eine überarbeitete Statistik, basierend auf den Angaben der Angriffsmappen. Im Stadtarchiv Duisburg lagern Mappen mit den Berichten des Polizeipräsidenten über die Luftangriffe auf die Stadt im Zweiten Weltkrieg. Das Hauptaugenmerk wurde bei der Zusammenstellung auf die Auswertung der von den einzelnen „Luftschutz-Polizei-Revieren" angefertigten Karten mit den eingezeichneten Abwurfstellen gelegt. Diese Angriffsmappen verglichen die Autoren mit den Textquellen der Abwurfberichte, sie dienten als Grundlage für die überarbeitete Statistik.

Dazu muss erwähnt werden, dass die Bombenabwürfe auf Walsum, damals noch selbstständige Stadt, ebenfalls vom Duisburger Polizeipräsidenten erfasst und dokumentiert wurden. Anders verhielt es sich mit den Angriffen auf Homberg und Rheinhausen, die eigenständige Luftschutzorte waren.

Nachfolgend möchten wir versuchen, die genaue Zahl der Angriffe auf Duisburg darzustellen. Ausgangspunkt waren die 299 Luftangriffe der alten Luftkriegsstatistik. Folgende Überlegungen haben uns geleitet: Grundsätzlich sind für die Luftangriffsstatistik nur strategische Angriffe mit Bombenabwürfen zu werten.

Größere Zeiträume zwischen Bombenabwürfen lassen den Schluss zu, dass es sich um mehr als nur einen Angriff handelte. In der vorhandenen Statistik berücksichtigte man das auch zunächst so, wie bei den Angriffen 4 und 5 am 15./16. Mai 1940. Um als eigenständiger Angriff aufgeführt zu werden, musste mindestens eine Stunde seit dem vorigen Angriff vergangen sein. So ist das auch in den englischen Quellen definiert. Bei den späteren Großangriffen zogen sich die Angriffe natürlich über einen längeren Zeitraum hin.

Vier Bombenangriffe waren nicht im BCWD eingetragen, wurden dennoch mitgezählt, da Bomben auf Duisburg fielen.

Schauen wir nun auf die Angriffe, die von den 299 bisher angegeben abgezogen werden müssen.

Zunächst stimmen beim Angriff vom 27./28. Mai 1940 die Mappen- und Listennummern nicht überein. Am 10. Oktober 1940 ist zwar eine Eintragung in der Angriffsliste vorhanden, jedoch fehlt eine Angriffsmappe. Am 30. Dezember 1944 fand kein Angriff statt, sondern es handelte sich um deutsche Fehlmunition.

Im Detail ergibt sich daraus folgendes Bild: Bei folgenden Angriffen gibt es eine Zeitdifferenz von über einer Stunde bis zum nächsten Angriff, wodurch ein Angriff hinzugerechnet werden muss: am 27./28. Oktober 1940, als zwei Angriffe gegen Duisburg Hüttenheim und Walsum vermerkt sind. Sowohl die Zeitdifferenz von fast sieben Stunden als auch die beiden völlig unterschiedlichen Zielgebiete lassen einen Zusammenhang nicht erkennen. Desgleichen am 29./30. Oktober 1940, am 8./9. November 1940 und am 23./24. November 1940. Am 27./28. November 1940 sowie am 14./15. Februar 1941 sind gleich drei Angriffe zusammengefasst.

A.C. Wedderburn aus dem Küstenstädtchen St. Ives in Cornwall hat diese Aufnahme im Planungsstab der 405th Squadron gemacht. Hier wurde nach Eingang der Angriffspläne der Bombereinsatz geplant.

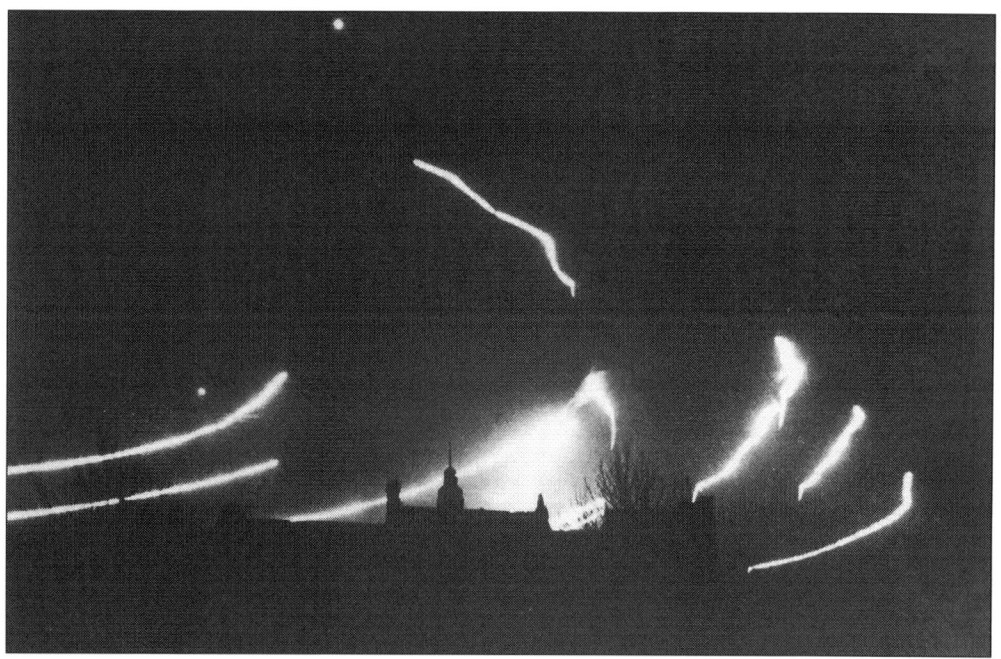

Ab Mai 1940 stand Duisburg oben auf der Zielliste der britischen Royal Air Force. Hier sieht man soge- nannte „TI"-Bomben über dem Mercator-Gymnasium an der Musfeldstraße in Hochfeld. Die Deutschen nannten diese Leuchtbomben, die zur Markierung abgeworfen wurden, „Christbäume".

Für den 9./10. März 1943 gibt es nur eine Mappe, obwohl von vier Angriffen gesprochen wird. Auch hier gab es zwischen einer und zwei Stunden Zeitdifferenz zwischen den Bombenwürfen. Man kann also keinesfalls von vier „Angriffswellen" eines Angriffs sprechen.

Selbst im Rahmen der „Operation Hurricane" am 14./15. Oktober 1944 wurde aus den beiden Nachtangriffen nur ein Angriff.

Zum Kriegsende am 14. Februar 1945 wurden drei Angriffe mit nur einer Nummer versehen, gleiches geschah am 28. Februar 1945 trotz einer Zeitdifferenz von 11,50 Stunden. In diesen Fällen konnte man nicht mehr von einem einzigen Angriff sprechen.

Luftangriffe erfolgen in der Regel durch Bombenabwürfe. Das hört sich einfach an, doch es wurden bislang auch Bordwaffenangriffe am 18. September 1944, am 3./4. Oktober 1944 und am 28. Februar 1945 mit eingerechnet. Diese gab es nicht nur in Duisburg in der Endphase des Krieges zu Hunderten, insbesondere in den Wochen des Artilleriebeschusses ab März 1945, als die Stadt zur Frontstadt geworden war und Tiefflieger mit Bordwaffen auf alles schossen, was sich bewegte. Diese Art des Beschusses muss man in der Bombenangriffsstatistik abziehen.

Am 2. März 1945 wurden vier Angriffe mit einer Nummer versehen und am 3. März 1945 sogar fünf Angriffe. Desgleichen noch einmal drei Angriffe am 9. März 1945.

Eine Mappe mit der Nr. 49 fehlt. Sie ist möglicherweise verloren gegangen.

Rechnet man nun alles zusammen, ergibt sich gegenüber der Zahl von 299 ein Plus von 12 Angriffen. Unseren Recherchen zufolge gab es im Zweiten Weltkrieg insgesamt 311 Bombenangriffe auf die Stadt Duisburg!

Als am 10. Mai 1945 eine Gruppe von US Soldaten im Rahmen einer „Cooks Tour" genannten Besichtigung in Duisburg weilte, waren die größten Schäden einen Monat nach dem Kriegsende in Duisburg bereits beseitigt. Hier auf der Landfermannstraße erkennt man fast schon wieder normale Verhältnisse.

Von der Ecke Münzstraße/Unterstraße blickten die US-Soldaten auf die Ruinen der beiden alten Duis-
burger Stadtkirchen. Während die Salvatorkirche wieder aufgebaut wurde, fiel die alte Liebfrauenkirche
Ende der 1950er-Jahre dem Abbruchbagger zum Opfer.

Natürlich war es den offiziellen Stellen der Stadt im Jahr 1945 nicht danach, den soeben beendeten Weltenbrand, der Millionen das Leben gekostet und ebenso viele Menschen verstümmelt hatte, bis ins Detail auszuwerten. Denn auch die Heimat war in eine unübersehbare Trümmerwüste verwandelt worden. Man hatte das Überleben im Sinn, und so war es wohl auch unabdingbar, dass bei der Aufarbeitung dieses schrecklichen Kapitels in der Stadtgeschichte Fehler gemacht wurden. Wir möchten die Korrektur der Bombenangriffszahl daher nicht als Kritik verstanden wissen, sondern als einen Beitrag, dieses Kapitel der Stadtgeschichte im Licht der zum Teil erst heute zugänglichen ausländischen Quellen neu zu betrachten.

Heute, in ruhiger und wohlhabender Zeit und ohne die noch frischen Eindrücke derjenigen, die 1945 den Krieg gerade erst erlebt hatten, fällt es den Autoren, die zudem weit nach Kriegsende geboren sind, leichter, das Geschehen zu betrachten und zu verarbeiten.

Nüchterne Zahlen haben in einem Buch über den Luftkrieg ihre statistische Pflicht zu erfüllen. Die Aufzählungen beginnen mit den Bombern und Bomben und enden nicht zuletzt bei den zahllosen Toten und anderen Opfern, die an Leib und Seele geschädigt wurden. Die eindrucksvollen Erinnerungen dieser Überlebenden an den Kriegsalltag werden in einem anderen Kapitel dieses Buches noch geschildert.

24

2

DER KRIEG BEGANN NICHT ERST 1939

Die Zerstörung Duisburgs kam nicht aus heiterem Himmel. Wer mit offenen Augen die Geschehnisse im In- und Ausland betrachtete, konnte erkennen, dass die Menschen nicht erst seit der Machtergreifung der NSDAP 1933 mit einem weiteren Krieg und damit auch mit Luftangriffen und Bomben aus der Luft rechneten. Bereits 1927 war ein Deutscher Luftschutzverband gegründet worden, in dem zahllose Vereine zusammengefasst waren. Er erlangte jedoch keine große Bedeutung, zumal es nur wenige Landesgruppen gab. Der Verein belegt aber, dass der zivile Luftschutz keine Erfindung der Nationalsozialisten war. Die Nazis gingen jedoch nach der Machtübernahme sofort daran, eine Massenorganisation im Geiste der „Bewegung" zu schaffen. Ziviler Warndienst, Selbstschutz, Brandbekämpfung und Gasschutz wurden 1933 auf das Großzügigste und Gründlichste organisiert. In diesem Jahr nahm sich auf Betreiben Hermann Görings das Reichsluftfahrtministerium der Luftschutzfrage an. Unter Leitung eines alten Flakartillerie-Offiziers, des Generals der Artillerie Grimme, wurde am 29. April 1933 der Reichsluftschutzbund (RLB) geschaffen, dem bald Millionen von Mitgliedern angehörten. Rein rechtlich sah alles noch sehr zivil aus. Der RLB und seine Unterorganisationen bis hinab in die Ortsgruppen waren eingetragene Vereine.

„Luftkrieg – Luftschutz" titelte der „Duisburger General-Anzeiger" bereits am 30. Mai 1929. Auf der Titelseite sah man ein Foto vom „Ostpreußischen Städtetag" und zwar einen „Einnebelungsversuch an dem Wasserkraftwerk Friedland bei Königsberg".

Werbung machte der Reichsluftschutzbund auch auf Straßenbahnen. Hier sieht man die Mitglieder des 14. Reviers Hamborn des RLB. „Luftschutz tut Not!" stand groß auf der Bahn, die durch den Norden von Duisburg-Hamborn fuhr.

Bei den Mannesmann-Werken in Hüttenheim fand 1934 die erste „Luftschutzübung" der Werkfeuerwehr statt. Doch war man sich der Schwere künftiger Luftangriffe auf die Stadt nicht bewusst. Das vermeintliche Opfer dieses Angriffs wurde nach kurzer Behandlung durch den Werksarzt und einem Schluck Wasser wieder gesund entlassen.

Nur wenig später, am 1. Juni 1933 fand im Großen Saal des Burgacker die Gründung einer Ortsgruppe Duisburg-Hamborn des RLB statt. Im Anschluss an die Gründung gab es in allen Stadtteilen Duisburgs „Luftschutz-Aufklärungsversammlungen mit Lichtbildern".

Anfang Juli wurde in Duisburg die gesamte SA (Sturmabteilung, die Kampfeinheit der NSDAP) dem Luftschutz zugeteilt. Die Aufklärungsversammlungen in den Stadtteilen wurden vorläufig aufgeschoben und später in einem größeren, der SA-Beteiligung entsprechenden Rahmen neu aufgezogen.

Am 12. August 1933 hatte der Preußische Minister für Wirtschaft und Arbeit neue Richtlinien für das Fach Staatsbürgerkunde an Berufsschulen erlassen, nach denen der Lehrplan um das Unterrichtsfach „Luftschutz" ergänzt wurde. Wie die Kinder in den Luftschutz mit einbezogen wurden, ist der Schulchronik aus Ehingen zu entnehmen:

„Eine Luftschutzwerbewoche liegt hinter uns. Ihren Abschluss bildet eine ‚Luftschutzschau' am 8. Oktober im Wedau-Stadion. An dieser nehmen die Kinder der beiden Oberklassen der Ehinger Schule teil. Nach mehreren Reden über die Schutzlosigkeit Deutschlands und die Notwendigkeit des Luftschutzes folgte die eigentliche Schau. Ein erstes Bild zeigte einen Fliegerangriff auf eine fremde Stadt. Infolge guter Abwehrmöglichkeiten war die Gefahr bald überwunden. Ein zweites Bild zeigte einen Angriff auf eine deutsche Stadt. Ein Fehlen jeder Abwehrmöglichkeit zeigte Deutschlands ganze Armut und Schutzlosigkeit und wurde Tausenden von Zuschauern greifbar klar. Der anschließende große Zapfenstreich brachte die wirkungsvolle Veranstaltung zum Abschluss."

Im Oktober 1933 sah man in Duisburgs Straßen Lastwagen, auf denen eine Bombenattrappe sowie Schilder mit der Aufschrift „Luftschutz ist nationale Staatspflicht! Tretet dem RLSB bei!" montiert waren.

Auch die Duisburger Fabriken rüsteten für den Luftschutz. Adele Dahm, Tochter des früheren Werksdirektors der Mannesmann-Werke in Duisburg Huckingen, erinnerte sich, dass bereits 1934 erste Luftschutzübungen im Werk stattfanden, die von der Werksleitung begutachtet wurden. Ihr Vater war als Werksdirektor damals bei jeder Übung mit dabei. Albert Ottersbach berichtete, dass der Werkluftschutz im ständigen Bereitschaftsdienst organisiert war. Denn je länger der Krieg dauerte, desto mehr wurden nur noch Nachtangriffe geflogen. Tagsüber waren die Wehrleute ohnehin im Werk.

Am 26. Juni 1935 wurde das „Reichsluftschutzgesetz" mit einem Dutzend Durchführungsverordnungen erlassen, die jedermann der Luftschutzpflicht unterwarf. Der RLB wurde zur Zwangsorganisation, der sich kein Haushaltsvorstand mehr entziehen konnte. Aus der Freiwilligkeit im Luftschutzdienst wurde nun eine Dienst- und Sachleistungspflicht.

1937 wurde der behördliche Luftschutz in Duisburg aufgebaut. Der Polizeipräsident war der Leiter des Luftschutzortes. Die Befehlsstelle des „Luftschutzortes 1. Ordnung Duisburg" wurde im Polizeipräsidium an der Düsseldorfer Straße eingerichtet.

Bereits 1936 war die Polizei dem Reichsführer SS (Schutzstaffel) als Chef der Deutschen Polizei unterstellt worden. Die Hausherren im Polizeipräsidium an der Düsseldorfer Straße in Duisburg wechselten in schneller Folge: Knickmann, Gutenberger, Wysocki, Förster und Bauer. Seit der Versetzung des Polizeipräsidenten Dr. Refrath waren nur noch höhere SA- oder SS-Führer Polizeipräsidenten.

Das Polizeipräsidium an der Düsseldorfer Straße im Dellviertel wurde zur Befehlsstelle für den „Luft-schutzort 1. Ordnung Duisburg".

Die damals noch selbstständige Gemeinde Walsum gehörte in den Kriegsjahren luftschutz-mäßig ebenfalls zum Luftschutzort Duisburg.

In Duisburg wurde die Organisation des „Hafenluftschutzes" in den Ruhrorter Hafen-anlagen, dem größten Binnenhafen Deutschlands, aufgebaut. Das gesamte Hafengebiet wurde dem örtlichen Luftschutzleiter unterstellt, der ein Luftschutz-Hafenabschnittskommando mit zwei Hafenluftschutz-Revieren einrichtete.

Als Leiter des Hafenabschnittskommandos wurde Baurat Grube und als Hafenluftschutz-Revierführer wurden zwei Beamte der Hafenverwaltung eingesetzt. Je eine Feuerlösch-, Sanitäts- und Instandsetzungs-Bereitschaft sowie die vom örtlichen Luftschutzleiter ange-kauften fünf Feuerlöschboote wurden dem Luftschutz-Hafenabschnittskommandeur unter-stellt. Gleichzeitig unterstanden ihm die erweiterten Selbstschutzkräfte der Hafenverwaltung und, mit Zustimmung der Wasserstraßendirektion, auch die Luftschutzeinheiten der Wasser-straßenverwaltung. Ferner hatte er das Weisungsrecht gegenüber dem Selbstschutz, dem erweiterten Selbstschutz und dem Werksluftschutz.

1940 wurden auf Veranlassung des örtlichen Luftschutzleiters Duisburg zehn Feuerlösch-nachen nach den Plänen des Obersts der Feuerschutzpolizei, Fritz Zingler, in einer Ruhrorter Werft gebaut und dem Hafenabschnitt zugeteilt. Diese Feuerlöschnachen hatten sich bei der Brandbekämpfung auf Schiffen und der Bekämpfung von Entstehungsbränden in den Hafenanlagen ausgezeichnet bewährt. Fiel die allgemeine Wasserversorgung aus, leisteten die Feuerlöschnachen außerdem sehr gute Dienste bei der Löschwasserförderung aus Rhein, Ruhr und den Kanälen.

Natürlich machte es Sinn, im weitläufigen Ruhrorter Hafengebiet eine Feuerlöschrettung auch vom Wasser aus zu gewährleisten. In den letzten Kriegsjahren wurde es allerdings immer schwieriger, zu den Brandorten vorzudringen, da gesunkene Schiffe die Fahrrinnen blockierten.

Im gesamten Stadtgebiet wurden Rettungsstellen für den Ernstfall eingerichtet. So auch hier in Duissern an der Martinstraße. Diese dienten der Erstversorgung der Opfer nach Luftangriffen. Als diese jedoch an Schwere zunahmen, konnte man den Menschen nur noch in geringem Maße helfen.

Aus dem Stadtkreise Duisburg

Der Niederrhein unter der Tarnkappe

Luftschutzübung hatte vollen Erfolg — Bereitwillige Beteiligung ohne Ausnahme

Eine lückenlose Verdunkelung

Reichsbahnhöfe im Dunkel

Luftschutzübung ohne Verkehrsunfall

Bereits im September 1933 fand in Duisburg eine große Verdunkelungsübung statt. Man probte nur wenige Monate nach der Machtergreifung der Nationalsozialisten die Vorsorge gegen Luftangriffe.

VERDUNKELUNG GEGEN BOMBEN

Ein deutliches Zeichen für das, was den Deutschen bevorstand, war die große Verdunkelungsübung in Duisburg am 22. September 1933. Bei Kriegsbeginn 1939 war die „Verdunkelung" das Gebot der Stunde. Man war sich in der Stadt durchaus bewusst, dass besondere Luftgefahr bestand. Daher mussten alle Fenster und Außentüren der Häuser mit Verdunkelungsvorrichtungen aus schwarzem Papier versehen werden. Damit wurde der Krieg für die Bevölkerung zum ersten Mal sichtbar. Partei- und Polizeistreifen achteten darauf, dass kein Lichtstrahl nach draußen drang. Dennoch forderte die Verdunkelung eine nicht unerhebliche Zahl von Opfern und wirkte sich äußerst nachteilig auf die öffentliche Sicherheit aus. Albert Ottersbach erinnerte sich: „Da achtete jeder auf jeden! Die Verdunkelung gehörte zum luftschutzmäßigen Verhalten."

Helene Fastenrath, Geschäftsfrau in Duisburg-Hüttenheim, erlebte die Kriegsjahre in Duisburg intensiv mit: „Mein Mann war als Luftschutzwart in unserem Haus abgestellt. Als der Krieg begann, gab es kleine Ansteck-Plaketten, die waren mit Phosphor beschichtet. Später gab es Taschenlampen mit Handbetrieb, weil es keine Batterien mehr gab. Als die ersten Bomben auf Duisburg gefallen waren, wurden die Laternenmasten und die Bordsteinkanten mit weißer Farbe angestrichen, damit man dort nicht stolperte."

So fröhlich wie auf diesem Propagandafoto eines Luftschutzkellers in Duisburg-Hüttenheim, das der „Duisburger General-Anzeiger" 1940 veröffentlichte, ging es wohl in keinem Luftschutzkeller zu. Eine mit Blumen geschmückte Kaffeetafel war wohl das Letzte, was man in den Bombennächten brauchte.

Die „Festungspionier-Abschnittsgruppe I/17" führte zwischen dem 25. Dezember 1940 und dem 31. Mai 1941 in Duisburg Wehrmachtsarbeiten für den Luftschutz durch. Sie bauten Splitterschutzwände, wie diese Aufnahme zeigt. Außerdem hoben sie Splitterschutzgräben aus, bauten Hauskeller zu Luftschutzräumen aus oder um und errichteten völlig neue Luftschutzräume.

Eine weitere Maßnahme war die Bildung eines neuen Flugmelde- und Luftschutzwarndienstes. Der Flugmeldedienst war zuständig für die Luftraumüberwachung. Er wurde mit seinen etwa sechzig „Flugwachkommandos" (Flukos) und den zahllosen Flugwachen den militärischen Behörden unterstellt. Mit Hilfe von Spähern und Überwachungsgeräten sollten diese ein Bild der Luftlage geben.

1937 wurde der Flugmeldedienst in ein Wehrdienstverhältnis überführt. Seine Angehörigen wurden somit zu Soldaten. Zunächst waren sie der Flak unterstellt, ab 1938 dann der Luftnachrichtentruppe. Das für den Niederrhein zuständige Fluko lag in Duisburg am Kaiserberg. Weitere befanden sich in Dortmund, Köln und Osnabrück. Sie gehörten zum Luftgau-Nachrichtenregiment 6.

Jedem Fluko waren zehn Flugwachen angeschlossen, die auf den Flugplätzen am Niederrhein und entlang der deutsch holländischen Grenze lagen. Neben der Flugüberwachung gab es den Luftwarndienst, der als Teil des Luftschutzes eine Angelegenheit der zivilen Behörden blieb.

1938 teilte der Duisburger Polizeipräsident erstmals mit: „Probe-Fliegeralarm am Wochenende – Wiederholung künftig an jedem Samstagnachmittag". Zuvor hatte man im Stadtgebiet Luftschutzsirenen aufgestellt. „Damit eine jederzeitige Alarmierung der Bevölkerung Duisburgs gewährleistet ist, werden die Sirenen an jedem Samstag, und zwar Punkt 12 Uhr – erstmalig am Samstag, 23.07.1938 – zur Überprüfung ausgelöst!"

Noch am 9. August 1939 fand Hermann Göring vermeintlich beruhigende Worte für die Bevölkerung des Ruhrgebietes: „Als Reichsluftfahrtminister habe ich mich persönlich von den Maßnahmen überzeugt, die zum Schutz des Ruhrgebietes gegen Luftangriffe getroffen worden sind. In Zukunft werde ich mich persönlich um jede Batterie kümmern, denn wir werden nicht zulassen, dass auch nur eine einzige feindliche Bombe auf das Ruhrgebiet fällt."

Außerdem wollte Göring „Meier" heißen, wenn es jemals einem Feindflugzeug gelingen sollte, in den deutschen Luftraum einzudringen. „Meiers Waldhörner", wie man die Luftschutzsirenen daraufhin im Volksmund nannte, verkündeten jedoch im Kriegsverlauf immer häufiger die Einflüge der britischen Bombergeschwader.

Nachdem Deutschland am 1. September 1939 mit dem Überfall auf Polen den Zweiten Weltkrieg begonnen hatte, wurde es ernst. Am Mittag des 3. September wurde Duisburg zum ersten Mal offiziell von jenem Ton aufgeschreckt, der sich im Verlauf der folgenden fünfeinhalb Jahre noch unzählige Male wiederholen und sich den Menschen lebenslang einprägen sollte: das An- und abschwellende Warnsignal der Luftschutzsirenen.

Wie hier auf dem großen Uhrturm der Siedlung Hüttenheim im Duisburger Süden wurden auf zahllosen Dächern der Stadt „Meiers Waldhörner" aufgebaut. Ihr Warnsignal sollte sich den Duisburgern in den Jahren des Luftkriegs tief einprägen.

WIE OFT HABEN DIE SIRENEN DIE DUISBURGER IN DIE KELLER GETRIEBEN?

Diese Frage lässt sich fast minutiös beantworten. Es existieren zahlreiche Aufzeichnungen dazu, die jedoch eines gemeinsam haben: Sie unterscheiden sich allesamt voneinander. Das liegt in der Natur der Dinge, denn nicht alle Uhren gehen gleich. Hinzu kommt, dass im Verlauf des Krieges immer neue Alarmarten hinzukamen. Dennoch kommt man der genauen Zahl von Alarmen sehr nahe.

Vom 10. Mai 1940 bis zum 23. März 1945, dem Vorabend des Übergangs der Alliierten über den Niederrhein bei Dinslaken, gab es auf dem Gebiet der Stadt Duisburg 1.181 öffentliche Luftwarnungen (ÖLW) und 1.122 Fliegeralarme. In Krefeld schätzt man die Zahl der „echten" Alarme auf 1.000 bis 1.200, und in Köln gab es 1.122-mal Fliegeralarm und 1.089-mal öffentliche Luftwarnung. Zählt man die Zeit aller Fliegeralarme in Duisburg zusammen, so dauerten sie rund 960 Stunden oder 40 Tage.

Der letzte Nachtalarm war der 53. Alarm am 26. März 1945. Er dauerte von 6.49 bis 7.32 Uhr. Am darauffolgenden 27. März 1945 gab es den letzten Tagesalarm, der 49 Minuten andauerte, von 13.26 bis 14.15 Uhr. Es war bereits der 54. Alarm im Jahr 1945.

Karl Weiler aus Duisburg-Wedau, in den Kriegsjahren als Luftwaffenhelfer eingesetzt, erklärte, dass sich mit Beginn der ersten großen Angriffsserie im Frühjahr 1942 auch der Warndienst der neuen Taktik anpasste, vor allen Dingen den sehr schnell einfliegenden Mosquitos.

Fliegeralarm im Monat Juli 1941

Lfd. No.	Datum	Zeit von – bis	Dauer Stunden	Minuten	Bemerkungen
1	2./7.	1⁰⁷ – 2⁵⁰	1	43	
2	3./7.	1⁰⁰ – 3⁰⁰	2	–	
3	4./7.	0⁵¹ – 1⁵⁰	–	59	
4	5./7.	0⁴⁵ – 3¹⁰	2	25	
5	6./7.	0⁵⁵ – 2³⁵	1	40	
6	7./7.	1⁰⁵ – 3²⁰	2	15	
7	8./7.	1⁰⁸ – 3²⁷	2	19	
8	9./7.	1⁴⁰ – 3⁰⁰	1	20	
9	10./7.	1²³ – 2⁴¹	1	18	
10	13./7.	2⁴⁵ – 3³⁵	–	50	
11	15./7.	0²¹ – 2²²	2	01	
12	17./7.	1¹⁵ – 2²⁰	1	05	
13		0⁴⁴ – 2³¹	2	07	
14	21./7.	1⁰⁰ – 1⁵⁰	–	50	
15	24./7.	1²⁵ – 2¹⁰	–	45	
16	30./7.	1⁴² – 3⁰⁷	1	25	
			25	02	

Der Luftschutzwart im Waisenhaus an der Niederstraße hielt jeden Fliegeralarm in Duisburg minutiös in einem Tagebuch fest. Hier allein die Aufzeichnungen für Juli 1941.

Obwohl es schon zahlreiche Bombenangriffe auf die Stadt gegeben hatte, war im Februar 1941 auf der Königstraße noch nichts davon zu sehen. Es war die Ruhe vor dem Sturm.

Die öffentliche Luftwarnung wurde auch Voralarm genannt. Der dreimal aufeinanderfolgende Dauerton von je 15 Sekunden Länge, insgesamt verteilt auf eine Minute, bedeutete, dass ein Bombenangriff möglich war. Der Bevölkerung war es freigestellt, die Schutzräume aufzusuchen, Versammlungen oder größere Menschenansammlungen mussten jedoch sofort aufgelöst werden. Anfang 1944 wurde die Vorentwarnung eingeführt. Der dreimal innerhalb einer Minute aufeinanderfolgende Dauerton bedeutete, dass die meisten Bomber abgeflogen waren, jedoch mit Nachzüglern zu rechnen war.

Im Herbst 1944 näherten sich die Alliierten stetig der westlichen Reichsgrenze und damit rückten auch die Einsatzflughäfen der Bomberflotte heran. So war selbst eine Minute zur Warnung der gefährdeten Städte schon zu lang. Anfang Oktober 1944, kurz vor der „Operation Hurricane", wurde deshalb ein fünftes Signal, die Akute Luftgefahr, eingeführt, zwei kurze Heulperioden mit einer Gesamtdauer von gerade einmal acht Sekunden.

HELFER IN DER NOT – DER SICHERHEITS- UND HILFSDIENST

Mit dem Luftschutzgesetz war für den Schutz der Zivilbevölkerung und ihrer Habe ein Instrument geschaffen worden, das bestimmte, dass der „Sicherheits- und Hilfsdienst" (SHD) für den Luftschutz zuständig war. Der SHD setzte sich in Großstädten aus den Feuerwehren, den öffentlichen Gesundheitseinrichtungen und dem DRK, den tierärztlichen Institutionen, der Technischen Nothilfe (Instandsetzungsdienst), dem Entgiftungsdienst (Straßenreinigungsbetriebe) sowie dem Störungsdienst der Versorgungsbetriebe zusammen. In Duisburg waren die Kräfte des SHD im gesamten Stadtgebiet untergebracht.

Die Mitglieder des Duisburger SHD im Jahr 1940 vor ihrer Unterkunft. Die SHD-Abteilungen sollten in der Lage sein, Luftkriegsschäden jeder Art erfolgreich zu bekämpfen.

„Zur Erinnerung an die schwere Zeit 1939–1945 in Duisburg" steht auf der Rückseite dieses Fotos dieser Einheit, die in den Jahren des Luftkriegs half, in der Stadt zu retten, was zu retten war.

Helene Fastenrath erinnerte sich: „Mein Mann war damals auch beim SHD eingesetzt. Die trugen eine graublaue Uniform und hatten diesen typischen Luftschutzhelm und eine grüne Armbinde." Die anderen Rettungskräfte behielten ihre übliche Dienstkleidung.

Der SHD unterstand dem örtlichen Luftschutzleiter, bei dem ohnehin alle Fäden zusammenliefen. Am 1. Juni 1942 wurde der SHD zur Luftschutzpolizei.

DIE FEUERWEHR DUISBURG –
HAUPTBESTANDTEIL DER LUFTSCHUTZKRÄFTE

Von 1933 bis 1937 wurden die vereinigten Wehren vom Berufsbranddirektor und dem Kreiswehrführer geführt. Ab 1923 hatte der ehemalige Brandmeister Fritz Zingler das Amt des Duisburger Branddirektors inne. Durch das Gesetz über das Feuerlöschwesen vom 23. November 1938 wurde die Städtische Berufsfeuerwehr Duisburg zur Feuerschutzpolizei und damit als vierte Sparte der Ordnungspolizei eingegliedert. Die Beamten der Feuerschutzpolizei wurden Polizeivollzugsbeamte. Die Freiwillige Feuerwehr galt hingegen als technische Hilfspolizeitruppe.

Ebenfalls ab 1938 war der Berufsbranddirektor gleichzeitig Kreisfeuerwehrführer. Branddirektor Zingler bekleidete nun auch diese Stelle, die bis dahin der ehemalige Branddirektor von Hamborn sowie der Branddirektor der Freiwilligen Feuerwehr, Baurat Spelsberg, besetzt hatten. Damit war das Führungsproblem im Sinne der Machthaber gelöst, es gab eine klare Kommandostruktur. Spelsberg wurde zum Provinzial-Feuerwehrverband abgestellt und war zuletzt stellvertretender Provinzial-Feuerwehrführer.

Hans Lohmann erinnert sich: „Die Uniformen der Feuerwehrmänner waren später nicht mehr blau, sondern grau-grün mit roten Kragenspiegeln. Die Brandmeister waren nicht mehr Brandräte oder Branddirektoren, sondern bekamen Offiziersdienstgrade."

Den Feuerlöscheinheiten wurden Entgiftungstrupps zugeordnet, die man F.+E.-Bereitschaften nannte. (F = Feuerlöschen und E = Entgiftung). Jede Bereitschaft besaß vier Züge. Der 4. Zug war der Entgiftungstrupp. Fritz Zingler wurde zum Fachführer der Bereitschaften des gesamten Duisburger Stadtgebietes einschließlich der Gemeinde Walsum.

Außer bei den zahlreichen Einsätzen nach Luftangriffen im Duisburger Stadtgebiet setzten sich die Duisburger Feuerwehren auch fast in allen Städten des Ruhrgebietes, des Rheinlandes, am Niederrhein, im Bergischen Land und im Münsterland ein. Bei schweren Bombenangriffen kam es vor, dass Brände nicht gelöscht werden konnten, weil die Hauptdruckstränge der Wasserleitungen beschädigt worden waren. Daraufhin wurden im gesamten Zuständigkeitsbereich der Duisburger Feuerschutzpolizei – Groß-Duisburg und Walsum – Feuerlöschteiche angelegt.

Die SHD-Bereitschaft „Holeyheim" in Wanheim mit ihrem Dienstplan für den 2. Juni 1940. Den Fliegeralarm um 1.15 Uhr hatte man bereits mit eingeplant. Dass es mit solchen scherzhaften Einträgen bald „ernst" werden würde, sollten die Folgejahre zeigen.

Die Duisburger Feuerwehr bereitete sich mit Löschübungen auf den Ernstfall vor. Hier die Wehrleute aus Wedau bei einer Übung in der Seenplatte.

Die Zahl der Wehrleute ging durch die Einberufungen zur Wehrmacht erheblich zurück, die entstandenen Lücken wurden durch Jungen der Hitlerjugend (HJ)-Feuerwehr geschlossen.

Außer der Feuerschutzpolizei, der Freiwilligen Feuerwehr und den Werkfeuerwehren wurde 1941 südlich und nördlich der Ruhr je eine Feuerwehr-HJ-Schar mit je 60 Jungen aufgestellt. Eine solche Schar umfasste 1942 südlich der Ruhr 250 Jungen und nördlich der Ruhr 100. Sie gliederten sich in Kameradschaften von 10 bis 15 Jungen, die auf das ganze Stadtgebiet verteilt waren. Die Jungen wurden von der zuständigen Freiwilligen Feuerwehr an ihrem Wohnort ausgebildet und rückten auch mit dieser zum Einsatz aus. Die Jungen mussten mindestens 15 Jahre alt sein. Mehrere von ihnen wurden für ihren Einsatz mit dem Kriegsverdienstkreuz ausgezeichnet. Etliche kamen aber bei den Einsätzen auch ums Leben.

Für die feuerwehrtechnische Ausbildung der HJ-Feuerwehr im Stadtgebiet war der Bezirks-Leutnant der Feuerschutzpolizei, Anders, zuständig. Für den Einsatz der gesamten freiwilligen Feuerwehr zeichnete Bereitschaftsführer Bußmann verantwortlich.

In Walsum gab es ab September 1944 innerhalb des Löschzuges 1 sogar eine weibliche Feuerwehr, die aus 11 bis 12 jungen Frauen und Mädchen bestand und deren Einsatz sich von dem der Männer kaum unterschied.

3

LUFTVERTEIDIGUNG IN DUISBURG

Die NS-Führung hatte bereits weit vor Kriegsbeginn Pläne für die Bekämpfung feindlicher Luftangriffe erarbeitet und eine schlagkräftige Jagdabwehr aufgebaut. An dieser Stelle sollen nun zum besseren Verständnis die verschiedenen Maßnahmen der Luftabwehr erläutert werden, ebenso die unterschiedlichen Radar- und Radarstörsysteme.

Sie waren für die Menschen in Duisburg und in Deutschland überlebenswichtig und gehörten zur großen „Kriegsmaschinerie", die im Oktober 1944 im Rahmen der „Operation Hurricane" allerdings versagte, als fast 4.000 Bomber in nur 24 Stunden ohne größere Verluste gegen das Deutsche Reich entsendet werden konnten.

Die Luftverteidigung lag in Duisburg, dem Eingangstor zum Ruhrgebiet, in erster Linie in den Händen der Flak. Hier sieht man die Flakstellung am Weidenweg in Kasslerfeld im Kriegsjahr 1943. Die Türme der Liebfrauen- und der Salvatorkirche haben bereits schwer unter den Luftangriffen auf die Stadt gelitten.

Diese Zeichnung aus der Schrift „Flak an Rhein und Ruhr" hat Seltenheitswert. Sie zeigt eine Kette von „Sperrballons", die sich in Höhe des Rheins befand und Duisburg vor Angriffen schützen sollte. Der Blick geht vom Schwanentor in Richtung Marientorschleuse, die man gut erkennen kann. Die mittelgroßen, mit Traggas leichter als Luft gefüllten Ballons sollten den Piloten den Anflug erschweren oder unmöglich machen, da sie durch die Seile der Ballons zum Absturz gebracht werden konnten.

EIN FLIEGERHORST FÜR DEN KRIEGSEINSATZ

Am 10. März 1935 gestand Göring die Existenz der nach dem Versailler Vertrag verbotenen Luftwaffe öffentlich ein. Am 16. März führte Hitler die allgemeine Wehrpflicht ein und legte die Friedensstärke des Heeres auf 36 Divisionen fest. Unmittelbar hinter der Westgrenze des Deutschen Reichs lag die Stadt Duisburg genau am Rand des Aufmarschgebietes der deutschen Luftwaffe.

Bereits früh entstanden nicht nur in Duisburg, sondern am gesamten Niederrhein Flugplätze, die dann im Rahmen der Aufrüstung und in den Kriegsjahren weiter ausgebaut wurden. Zahlreiche Maßnahmen sollten auch den Flugplatz in Duisburg-Neuenkamp, einen Ausweichplatz für die Luftwaffe, auf seine Kriegstauglichkeit vorbereiten.

Für die Reichsverteidigung zuständig war die Jagdabwehr, die sich den feindlichen Bomberpulks entgegenwarf. Es wurde unterschieden zwischen Tag- und Nachtjagd. Die Einheiten im deutschen Westen gehörten zur 3. Nachtjagddivision. Das 1. Nachtjagdgeschwader (NJG 1) wurde am 1. Juli 1940 aufgestellt und war für Duisburg und den Niederrhein zuständig.

Der Leitstand der 4. Flak-Division befand sich in den Kriegsjahren in der Wolfsburg im Duisburg-Mül-heimer Wald. Hier sehen wir die Zufahrt zum Gefechtsstand dieses Großkampfverbands der deutschen Luftwaffe. Die Hauptaufgabe bestand in der Luftraumsicherung des Großraums Köln sowie im Schutz des gesamten Ruhrgebiets und seiner Industriezentren.

In der Wolfsburg war auch der Stab der 4. Flak-Division untergebracht. Der Gefechtsstand war im dane-ben liegenden Bunker und trug den Decknamen „Drossel". Es gab eine riesige Lagekarte, die das gesamte Jagdgebiet der Division zeigte. Hinter der Karte saßen die Nachrichtenhelferinnen und projizierten mit Lichtpunktwerfern mit nur dreißig Sekunden Verspätung blaue und rote Punkte auf die Karte. Rote Punkte für die Feindbomber und blaue für die eigenen Jäger.

Dieses Foto zeigt die Weitergabe im Fluko Duisburg um 1942. Die Flugwachkommandos erhielten in der Regel Meldungen von bis zu 20 Flugwachen sowie der zugeordneten Funkmessgerätestellung über Einflüge von Flugzeugen. Die ausgewerteten Informationen wurden über Rundspruchschränke an Flak, Fliegerhorste und Warnzentralen weitergeleitet.

DER SCHUTZ DER WESTGRENZE

Der vierte und oftmals wichtigste Arm der Luftabwehr war ein gut funktionierendes, weitreichendes Flugmeldenetz mit zahlreichen Luftschutzwarnzentralen. Nur dieses Netz ermöglichte den rechtzeitigen Einsatz der Jäger, die Alarmierung der Flak und die Warnung der Zivilbevölkerung. Ohne den Flugmeldedienst kam die Verdunkelung der Städte als Schutz vor nächtlichen Angriffen nur einer hilflosen „Vogelstraußpolitik" gleich.

Die Nutzung moderner Messfunktechnik im Kurzwellenbereich hatte einschneidende Umwälzungen zur Folge. In Deutschland gab es zu Kriegsbeginn das Freya-Gerät, das herannahende Flugzeuge – jedoch ohne Höhen- und Richtungsangabe – zu melden vermochte. Die Flak besaß nur „Entfernungsmessgeräte". 1940 gelang es mit dem „Würzburg-Riesen", einem Messfunkgroßgerät, die Stärke und Richtung anfliegender Feindverbände auf mehrere hundert Kilometer auszumachen. Mit dem Freya- und dem 1941 eingeführten Würzburg-Gerät besaß man in Deutschland zwei sehr moderne Frühwarnsysteme.

Neuerungen brachte im Juli 1941 die sogenannte Kammhuber-Linie, benannt nach Generalmajor Josef Kammhuber, dem Organisator der deutschen Nachtjagd. Sie ermöglichte zusammen mit den Würzburg-Funkmessgeräten ein System sich überlappender Abfangräume für Nachtjäger. Diese Luftverteidigungszone reichte von Schleswig-Holstein bis Reims in Frankreich. In diesem taghell erleuchteten Streifen warteten die Nachtjäger auf die anfliegenden Bomber. Doch durch die Abberufung der Scheinwerfer-Batterien in die bedrohten Städte musste man sich eine neue Strategie einfallen lassen.

Wilhelm Schnitzler aus Duisburg Laar erzählte: „Die Verluste der RAF waren hoch. Bei manchem Angriff wurden über hundert viermotorige Maschinen abgeschossen, durch die Nachtjäger oder die Flak. Die Nachtjagd nannte man auch ‚Wilde Sau'. Wenn man bedenkt, dass in jeder Maschine acht bis neun Mann Besatzung waren, dann waren die Verluste sehr hoch."

Und Douglas Radcliffe berichtete: „Wir hatten kaum eine Chance, den Scheinwerfern zu entkommen. Sofort wurden wir von der Flak unter Beschuss genommen. Alle Batterien konzentrierten ihr Feuer auf die angestrahlte Maschine. Gefürchtet war bei unseren Piloten insbesondere, dass sie von den Riesenstrahlern geblendet werden. Auch auf 15.000 Fuß konnten wir im Scheinwerferlicht bequem eine Zeitung lesen."

Im weiteren Kriegsverlauf bildeten die einzelnen Scheinwerfer-Batterien sogenannte „Lichtkegel". War ein Bomber einmal erfasst, wurde er von Lichtkegel zu Lichtkegel weitergereicht und zu einem hervorragenden Ziel für die Flakbatterien. Diese verfügten vornehmlich über die 8,8-cm-Flugabwehrkanone, teilweise auch über die schweren Kanonen Kaliber 10,5 cm oder 12,8 cm. Die Ziele der alliierten Bomber, wie die großen Städte des Ruhrgebiets, vor denen man die Angreifer am ehesten zum Kampf hätte stellen können, waren für die Nachtjäger tabu. Die dort aufgestellte Flak konnte nicht zwischen eigenen und fremden Flugzeugen unterscheiden.

Ende 1942 wurde auch in Duisburg, am südlichen Rande der Sechs-Seen-Platte, eine Radar-Überwachungsanlage installiert. Sie bestand aus mehreren großen Radargeräten: Freya, Wassermann und Domeyer.

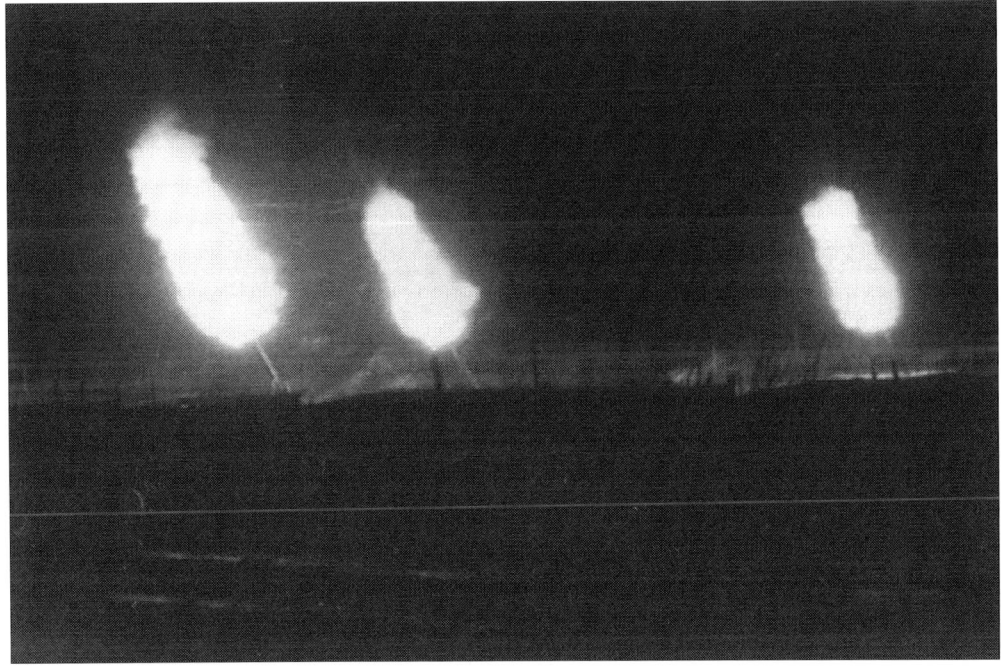

Bei einem Nachtangriff im Juli 1942 entstand diese Aufnahme der feuernden Flakstellung in Duisburg-Ehingen. Die Angst der Bomberbesatzungen vor Flakbeschuss war berechtigt, und viele junge Piloten drehten gleich nach Erreichen des „Happy Valley" wieder ab, nachdem sie ihre für andere Städte bestimmten Bomben auf Duisburg geworfen hatten.

Die Flakstellung an der Hochfelder Eisenbahnbrücke im Juli 1941. Der Blick geht in Richtung Wanheimer-ort, wo man gut die St.-Michael-Kirche erkennt. Der Bunker an der Eschenstraße befand sich noch im Bau.

Durch eine gemeinsam von verschiedenen Reichs-ministern am 26. Januar 1943 erlassene „Anord-nung über den Kriegshilfseinsatz der Jugend in der Luftwaffe" wurde der Einsatz von Schülern der Ober- und Mittelschulen ab dem vollendeten 15. Lebensjahr als Luftwaffenhelfer in den Flak-batterien verfügt. In der Flakstellung in der Nähe von Haus Böckum in Duisburg-Huckingen lie-ßen sich die Jungen 1944 vor einem Flakgeschütz ablichten.

Der militärischen Lage entsprechend lag der Schwerpunkt der deutschen Luftverteidigung zunächst im Westen. Im Zuge der „Remilitarisierung des Rheinlandes" wurde Duisburg am 6. April 1937 Garnisonsstadt. Die Arbeiten zum Bau einer Flakabwehrkaserne in Wanheim hatten bereits im März 1937 begonnen und waren nur sechs Monate später beendet. Die erste Einheit, die in der Stadt stationiert wurde, war die II. Abt. Flak-Rgt. 54, eine Kompanie des Flakregiments unter dem Kommando von Hauptmann Kluge. Bis zur Fertigstellung der Kasernengebäude wohnten die Soldaten in Holzhütten.

Man erkannte bereits in dieser Zeit die Bedeutung der Sicherung der wichtigsten Industrieziele an der Ruhr, von denen es in Duisburg sehr viele gab. Die Flakkaserne Duisburg war eines der ersten Ergebnisse einer Politik, in der Flugabwehreinheiten alleine der Sicherung des Zentrums des größten Industriegebietes des Landes gewidmet waren.

Der Bau unterlag strenger Geheimhaltung, teilweise hinter Zeltbahnen versteckt. Den Duisburgern gaukelte man den Neubau einer Brauerei vor. Im Oktober 1937 waren die wichtigsten Gebäude fertig gestellt und erlaubten den Soldaten, in die Kaserne umzuziehen. Am 21. November 1937 erhielt die Einheit im Rahmen einer großen Parade aus der Hand des ersten Kommandeurs der Kaserne, Oberstleutnant Remy, ihre Flagge. Die Kompanie war mit 2-cm- und 3,7-cm-Flakgeschützen sowie 120-cm-Scheinwerfen ausgerüstet. Die Neuenhofstraße wurde in Erinnerung an einen früheren Luftwaffengeneral in General-Wever-Straße umbenannt.

Die Zufahrt zur neuen Flakkaserne an der Düsseldorfer Landstraße in Wanheim kurz nach ihrer Fertigstellung im Jahr 1937.

Eine Kompanie des Flakregiments marschiert über den Kasernenhof in Wanheim. Die Mannschafts-gebäude tragen noch ihre Dächer.

Parallel zur Errichtung der Flakkaserne in Wanheim wurde südlich des Wambachsees, zwischen Huckingen und Wedau, eine Schießstandanlage für die Stammbatterie des Flakregiments 54 gebaut. Die Anlage bestand aus drei Gewehr- und zwei Maschinengewehrständen, auf denen mit 2-cm-Flugabwehrgeschützen auch Übungsmunition verschossen werden konnte.

Wilhelm Schnitzler berichtete von seinen Erlebnissen bei der Flak: „Mein Einsatz in und um Duisburg von Mai 1941 bis zum 15. Oktober 1944 ging vom Siegfriedsportplatz in Walsum über Hüttenheim Am Ungelsheimer Graben/Förkelsgraben, Lintorf, Barmingholten nach Rahm-West. Hier war ich zuletzt Unteroffizier und Scheinwerferführer der Stellung ‚Konrad' Am Böllert in Rahm-West. Das Gelände gehörte dem Grafen Spee zu Heltorf. Heute befindet sich hier eine große Siedlung. Der Scheinwerfer war die damals modernste Ausführung: Fernsteuerung, zwei Meter breit, Reichweite 24 Kilometer bei klarer Sicht. Die Batteriebefehlsstelle befand sich auf der noch nicht fertig gestellten Bundesstraße 288 an der Straßenüberführung Rahm-Großenbaum. Die Abteilungsbefehlsstelle lag im Wedaustadion, der Flaksender für die Zusammenarbeit mit den Nachtjägern auf der Wolfsburg am Kaiserberg. Das Standard-Geschütz der Flak war die 8,8-cm-Flakkanone. Die ‚Acht-Acht' war die Weiterentwicklung einer ähnlich aussehenden Krupp-Flakkanone des Ersten Weltkriegs. Die leichte Flak bestand hauptsächlich aus 2-cm-Schnellfeuerkanonen. Die gab es praktisch während des ganzen Kriegs in großer Zahl an den kriegswichtigen Betrieben, am Flugplatz, an Eisenbahnanlagen und an den Rhein- und Ruhrbrücken. Der Wirkungsbereich einer 8,8/36 betrug etwa 8.000 Meter im Umkreis bei einer Schusshöhe von rund 6.500 Metern."

Zu Kriegsbeginn beschränkten sich die zahlreichen Flakbatterien auf das gezielte Feuer auf einzeln fliegende Maschinen. Im weiteren Kriegsverlauf gab es dann das koordinierte Sperrfeuer der Flakabteilungen oder der Großbatterien von bis zu 48 Geschützen. Eine solche Batterie lag in Walsum-Aldenrade.

Anfangs verließen sich die Duisburger ausschließlich auf ihre schwere Flak. Die 8,8-cm-Flak 36 war mit ihren 8,16-kg-Granaten zu Beginn des Krieges die gebräuchlichste schwere Abwehrwaffe und, in verbesserter Ausführung, auch noch bis zu seinem Ende. Normalerweise bestand eine Flakbatterie aus vier Geschützen und einem Kommandogerät, während die Scheinwerferbatterien drei Scheinwerfer und ein Horchgerät besaßen. Die Bedienung bestand anfänglich aus zehn Mann: dem Geschützführer, gewöhnlich ein Unteroffizier, Kanonier I (Richtkreis Uffz.), Kanonier II (Höhenrichtkanonier), Kanonier IV (für die automatische Zündeinstellung) und den Kanonieren V–IX als Ladekanoniere. Bei Nacht war man auf Horchgeräte und Suchscheinwerfer angewiesen.

Der Flakscheinwerfer 37 war mit 150 cm Durchmesser der größte eingesetzte Scheinwerfer. Bei klarem Wetter hatte er eine Reichweite von 13.000 km. Durch den besonders starken Flakschutz des Ruhrgebietes nannten die englischen Bombercrews dieses auch „Flak Valley" oder „The Happy Valley".

Eine Mannschaft am Kommandogerät 40 bei der in Duisburg bekannten Flakstellung auf dem Schlackenberg in Wedau. Das Kommandogerät kam 1940 zur Truppe und arbeitete auf linear-geometrischer Grundlage fast vollautomatisch. Es konnte auch Höhen- und Kursänderungen des angepeilten Flugzieles berücksichtigen. Die Schusswerte wurden dann an die Geschütze übertragen. Als Nr. 41 kam später noch das Gerät für die 8,8-Flak-41 mit der entsprechenden Ballistik zur Truppe.

Die Denkschrift „Flak an Rhein und Ruhr", die auf Anregung des kommandierenden Generals und Befehlshabers im Luftgau VI, General der Flakartillerie Schmidt, zustandekam, zeigt auf, warum das Ruhrgebiet zu den wichtigsten Zielen der Briten zu zählen war, und vermittelt die Bedeutung der Flak. Die Bilder stammten von Soldaten, die das, was sie schilderten, selbst erlebt hatten. Hier eine Passage aus diesem Buch:

„Fast in jeder Nacht und auch oftmals am Tage fliegt der Feind in das rheinischwestfälische Industriegebiet ein. Die zahllosen riesigen Zechen mit ihren gewaltigen Förderanlagen, mit den Hochöfen und ausgedehnten Verarbeitungs- und Verwertungsindustrien lassen das ganze Land dem Gegner als lohnendes Ziel erscheinen. Das westdeutsche Industriegebiet war nicht nur seit hundert Jahren ein Wirtschaftszentrum von höchster Bedeutung, hier liegt jetzt im Kriege vor allem ein Schwerpunkt der deutschen Rüstung. Gleichzeitig war diese Metropole der Arbeit das dichtbesiedelste Gebiet Deutschlands. Großstadt reiht sich an Großstadt, Millionen von Menschen sind unausgesetzt tätig, Kohle und Eisen aus den Tiefen des Bodens heraufzuholen und dem deutschen Soldaten Schwert und Schild zu schmieden.

Dem Gegner aber, der sich anstrengt, die deutsche Rüstung zu treffen, und der zudem durch seine „Terrorangriffe" Mut und Kraft der schwer arbeitenden Zivilbevölkerung vergeblich zu brechen sucht, tritt gerade hier an Rhein und Ruhr in ständig zunehmendem Maße die deutsche Flakartillerie wirksam entgegen und sie ist – gemeinsam mit der Tag- und Nachtjagd – ein immer bedeutender werdendes Instrument des Schutzes unserer Heimat.

Was die Flak im Einzelnen geleistet hat und leistet, kann jetzt allerdings noch nicht zur Sprache kommen, aber es kann eine Anschauung vermittelt werden von ihrem Wesen.

Über den Dächern der Stadt, bei Bahnanlagen, Brücken und Fabriken ragen große, hölzerne Türme in die Luft: Wachttürme und Gefechtsstände, beides zugleich. Schon seit Jahren gehören sie dorthin. Der Arbeiter, der morgens in sein Werk eilt, der Reisende, der aus den Fenstern der Bahn blickt, nimmt sie kaum noch wahr. Jeder dieser Türme war Daseinsmittelpunkt einer Anzahl von Soldaten. Dort halten sie ihre Wache, dort steht ihr Geschütz. Von dort blicken sie tagsüber hinab in das Getriebe der Straßen und weit über Land.

Über das ganze Land verstreut sind diese Beobachtungsstände, die das Nahen des Feindes schon von fernher melden und die Flugrichtung der Maschinen beobachten. Kein Flugzeug dringt unbemerkt vor. [...] Tief in den Wäldern tauchen die Beobachtungsstände aus den Kronen der Bäume auf, hoch auf dem Steinbruch sind sie postiert oder auf den Schlackenhalden, diesen künstlichen Bergen am Rande der Industrie, die schon in der Nähe der eigentlichen Schutzobjekte liegen und die ersten schweren Batterien tragen. Von ihrem erhöhten Standpunkt aus können sie dem angreifenden Feind, unbehindert durch Bodennebel, besonders gut entgegenwirken."

Auf dieser Luftaufnahme von Bill Chorley aus England ist sehr gut die Flakstellung in Kasslerfeld zu erkennen. Sie wurde bei der Angriffsserie am 14./15. Oktober 1944 zerstört.

Im Stadtgebiet Duisburg gab es zahllose Flakstellungen, die dem Schutz der Industriebetriebe und Zechen sowie des Hafens dienten. Zahllose Soldaten versahen hier ihren Dienst. Dass ihnen das insbesondere in der Endphase des Krieges kaum noch möglich war, lag nicht zuletzt an der mangelnden Munition.

DAS MUNITIONSDEPOT IN WEDAU

1939 wurde in der Nähe der Schießstände in den Wäldern der Wedau ein Munitionsdepot gebaut, um die von der Flakkaserne benötigte Munition zu lagern: das „Feldmunitionsdepot 17/VI Wedau". Es bestand zunächst aus 14 ovalen Betonbunkern zu je 20 Tonnen, mit mehr als 30 Metern Breite und einem Durchmesser von etwa 300 Metern. Hier lagerte man u.a. die Erstausstattung an Munition für das Flakregiment 54 in Wanheim. Das war die Munitionsmenge, mit der eine militärische Einheit im Kriegsfall ausrückte.

Das Depot umfasste zunächst Wohn- und Arbeitsblocks für die 60 Soldaten und 120 Zivilisten, die hier stationiert waren. 1939 kamen die ersten zehn Soldaten als Vorhut für das Munitionslager nach Wedau und wohnten in einer Notunterkunft unweit des Schießstands. Bald darauf folgte technisches Personal, und der Aufbau des Munitionslagers begann. Dadurch wurde ein Stück vom Kalkweg zum Bestandteil der militärischen Anlage. Entlang des Weges standen die Unterkünfte für die Lagerbesatzung. Küchen-, Speise-, Verwaltungs- und Wirtschaftsbaracke mit Waffenkammer, Schusterei und Schneiderei vervollständigten das Lager. Unmittelbar am Eingangstor des Strohweges stand das Haus der Munitionsverwaltung.

1941 wurden im Munitionsdepot in Wedau hauptsächlich 8,8-cm- und 10,5-cm-Flakgranaten gelagert. Das Flakregiment in der Kaserne wurde etwa zu diesem Zeitpunkt mit diesen größeren Kalibern ausgerüstet.

4

LUFTSCHUTZBAUTEN IN DUISBURG

Am Hochfelder Markt wurde ebenfalls ein Hochbunker gebaut. Gerade in dem von der Industrie geprägten Stadtteil waren die Plätze im Bunker immer belegt, dachte man doch, die Bomber würden die Fabriken ganz besonders ins Visier nehmen. Rechts blickt man in die Fröbelstraße. Hinter dem Bunker verläuft die Gitschiner Straße.

Nach dem schweren Luftangriff im Mai 1943 wird in Nachbarschaftshilfe ein Bunker in einem Garten an der Neudorfer Straße in Neudorf gebaut. Hinten links erkennt man noch die Ludgerikirche.

Beim Bau eines splittersicheren Deckungsgrabens für 50 Liegestellen und 50 Sitzplätze in Laar werden die Seitenwände und die Decke des Grabens betoniert, der den Menschen allerdings nur Schutz vor Splittern gab. Bei einem Volltreffer wurden diese Gräben meistens total zerstört und forderten zahlreiche Opfer.

LUFTSCHUTZBAUTEN – BUNKER, STOLLEN, KELLER UND „ZUCKERHÜTE" ENTSTEHEN

In Duisburg wurden bereits vor Kriegsbeginn in zunehmendem Maße Luftschutzbauten errichtet, Keller in Schulen und anderen öffentlichen Gebäuden ausgebaut sowie betonierte Befehlsstellen für die wichtigsten Behörden eingerichtet.

Winkeltürme

In den großen Werken in der Stadt wurden zahllose Bunkertürme, die aufgrund ihrer markanten Form „Zuckerhüte" genannt wurden, errichtet. Sie waren eine Duisburger Erfindung. Im offiziellen Sprachgebrauch hießen sie „Winkeltürme", nach ihrem Konstrukteur Ludwig Winkel. Er wurde am 15. September 1885 in Köln geboren und kam 1916 nach einem Architekturstudium zur August-Thyssen-Hütte nach Duisburg, wo er im hohen Alter von 95 Jahren im Mai 1981 verstarb. Am 18. September 1934 wurde sein Patent mit der Nr. 568344 beim Reichspatentamt registriert. Der erste Entwurf zeigte einen Turm für 200 Personen auf neun Etagen, davon zwei unterirdisch. Das Kegeldach sollte, in Verbindung mit dem zylindrisch gehaltenen Baukörper, Bomben abweisen. Die später realisierten Entwürfe basierten auf einem Muster des italienischen „Campanile".

Privatbunker

Verstärkt gegen Kriegsende entstanden zahlreiche Privatbunker, oftmals von den Nachbarschaften in Eigenarbeit in den Gärten der Häuser. Helmut Bahr lebte in den Kriegsjahren in Duisburg-Neudorf: „Damals nach dem schweren Angriff vom Mai 1943 auf Duisburg bauten die Leute von der Neudorfer Straße einen Erdbunker im Garten. Die Menschen hatten Angst, weil die Angriffe immer heftiger wurden und es in der Nähe keinen vernünftigen Luftschutzbunker gab. Bis zum Zieglerbunker oder zur Falkstraße war es viel zu weit für uns."

Splittergräben als Schutz vor der eigenen Flak

Nicht sehr sicher waren die Splittergräben. Sie sollten als Notbehelf dienen, um Passanten Schutz vor Bomben- und Flaksplittern zu geben. Sie waren jedoch nicht sehr stabil und wurden oft zu Todesfallen, wenn sie eingedrückt wurden. Denn die Flak gefährdete mitunter auch für die eigene Zivilbevölkerung. Nicht umsonst warnte man fortwährend vor der Splitterwirkung durch Flakgranaten. Es wurde dringend empfohlen, sich bei einsetzendem Flakbeschuss sofort in Deckung zu begeben. Doch gerade zum Kriegsende hin war die Vorwarnzeit so gering, dass viele Menschen erst auf dem Weg zum Bunker waren, wenn der Flakbeschuss bereits eingesetzt hatte. Jede Flakgranate zerbarst in rund 1.500 Eisensplitter, die wie ein Eisenregen auf die Erde fielen.

Insbesondere in Wohnsiedlungen, die keine eigenen Keller besaßen, wie zum Beispiel an der Feldstraße in Walsum oder an der Schliepmühlenstraße in Wehofen wurden „Großbunker" zum Schutz der Bewohner errichtet. Hier wird die Deckenarmierung erstellt.

Hoch- und Tiefbunker

Dass die Reichsführung einen Luftkrieg in Erwägung zog, war u.a. daran zu erkennen, dass Planer von Neu- oder Umbauten per Gesetz dazu angehalten waren, Schutzräume mit einzubauen. Mit Kriegsbeginn folgten dann die ersten Luftschutz-Baumaßnahmen in Duisburg und den Nachbargemeinden Homberg und Rheinhausen, damals noch selbstständigen Städten. Unübersehbar wuchsen nun die über das ganze Stadtgebiet verteilten Betonklötze in den Himmel. Damit war offensichtlich, wohin die Entwicklung führen würde. Ohnehin war sich die Bevölkerung der Gefahr bewusst, die über der Stadt Duisburg als Standort kriegswichtiger Industrien und Verkehrsknotenpunkte schwebte.

Viele Zeitzeugen erinnern sich noch zu gut an die ersten Luftschutzmaßnahmen. Hertha Scheu erzählte: „In vielen Häusern wurden Stützen in den Luftschutzkellern eingebaut. Geholfen hat das aber nicht sehr viel. Am Haus wurden dann Hinweisschilder und über den Kellerfenstern Pfeile aufgemalt. Da hieß es dann „S. h. R." für Schutzraum hinten Rechts, oder „S. v. L." – Schutzraum vorne Links. Vor den Kellerfenstern brachten die Männer aus unserem Haus dicke Bohlen und Bretter, Sandsäcke oder Mauern als Splitterschutz an."

Der Bunker am Dellplatz kurz nach seiner Fertigstellung. Offiziell trug er die Bezeichnung „Luschutz-anlage No. 2" und verfügte über 348 Liegestellen.

Blick vom Aufenthaltsraum in den Mittelflur mit den Liegeräumen. In den letzten Kriegstagen hausten hier bis zu 2.000 Menschen unter katastrophalen Verhältnissen.

Am Dellplatz hatte man für Ortsfremde ein Hinweisschild auf den unterirdischen Bunker angebracht. Rechts erkennt man die Josefskirche.

Hans Lohmann berichtete: „In der gesamten Stadt wurden Hinweisschilder aufgestellt, die ortsfremden oder zufällig vorbeikommenden Passanten den kürzesten Weg zum nächsten Luftschutzraum zeigen sollten. In allen Häusern mussten vorsorglich Kellerdurchbrüche durch die Brandmauern zum Nachbargebäude angelegt wurden." Und Hans Pawlowski erinnerte sich: „Die Durchbrüche wurden behelfsmäßig wieder geschlossen, um sie im Notfall leicht durchbrechen zu können. Die wurden rot umrandet und so für die Rettungsmannschaften kenntlich gemacht. Zusätzlich wurden Wegweiser aufgemalt, damit die Trupps die Keller schnell fanden."

Es gab drei Kategorien von Luftschutzbauten: „Großanlagen", zu denen alle Luftschutzbunker gehörten, „Kleinanlagen", zu denen alle Luftschutzstollen zählten, und die „Luftschutzräume und Splittergräben". Innen waren die Bunker spartanisch eingerichtet. Hatte man 1940 noch vorwiegend an Schlafplätze gedacht, konzentrierte man sich angesichts der zunehmenden Härte des Bombenkriegs darauf, Sitzplätze einzurichten. Hinzu kamen für Alte und Kranke bis zu 300 Liegeplätze je Bunker. Emmi Giebelhausen erzählte von ihren Erlebnissen im Bunker an der Feldstraße in Walsum: „Mein Vater war damals hier Bunkerwart. Die Bunker bestanden aus nichts als Beton. In jeder Etage standen endlos lange Reihen von Sitzbänken. Die meisten, die in den Bunker kamen, brachten jedoch ihr Klappstühlchen selbst mit und hatten ihren festen Stammplatz. Oft standen die Menschen auch in den Gängen und lehnten an den Wänden oder sie hockten auf den Treppenstufen."

Bau des Bunkers an der Ecke Asterlager Straße/Hüttenstraße in Rheinhausen. Durch die Vielzahl der in der damals noch selbstständigen Stadt errichteten Bunker erhielt sie den Beinamen „Bunkerstadt des Deutschen Reiches".

Die Außendecke der Bunker war mindestens 1,40 m dick, zuletzt bis zu 2 m. Einige Bunker sollen sogar eine Deckenstärke von 3,50 m gehabt haben. Die Stärke der Außenwände war ähnlich: zwischen 1,10 m und 2 m. Wände und Decken hielten jeder normalen Bombe stand. Als die NS-Regierung 1940 die Errichtung von Luftschutzbauten zum Schutz der Bevölkerung befahl, baute man in Rheinhausen elf Hochbunker und 38 Deckungsgräben, die Schutz für die gesamte Stadtbevölkerung boten. Auf dem Rathausvorplatz legte man einen Erdbunker an, der unterirdisch mit dem Hauptgebäude verbunden war. Er diente zum einen als Befehlsstelle für die Luftschutzpolizei und zum anderen als Schutzraum für die Angestellten und Besucher des Rathauses. Durch diese vielen Bunkerbauten, die vor allem der Initiative von Bürgermeister Kleinert zu verdanken waren und die wie Wehrtürme das Stadtbild überragten, hatte Rheinhausen den Namen „Bunkerstadt des Deutschen Reiches" erhalten, da keine Stadt im Verhältnis zur Einwohnerzahl den gleichen Bunkerschutz aufweisen konnte.

Je näher sich der Krieg dem Reichsgebiet näherte, desto stärker ging man in den Städten an Rhein und Ruhr daran, in großer Zahl massive Bunkerbauten zu errichten. Ein Baubataillon einer „Festungspioniergruppe" wurde nach Duisburg abkommandiert und errichtete in wenigen Monaten 18 Bunkergroßbauten, zumeist als Hochbunker, die man auch heute noch in der Stadt sieht. Daneben wurden über 5.000 Keller ausgebaut. Bis Kriegsende kamen noch 22 Hochbunker hinzu, ferner acht Stollen, die mit bergmännischen Methoden in Schlackenhalden und in den Kaiserberg vorgetrieben wurden.

Unter die große Schlackenhalde an der Herwarth- und Honigstraße in Meiderich wurde 1943 ein Luft-schutzstollen getrieben. Das Fachwissen der Bergleute und der Stahlwerker kam hierbei zum Einsatz. Die gut fünf bis sechs Meter dicke Schlackeschicht bot den Menschen genügend Schutz vor Bombeneinschlägen.

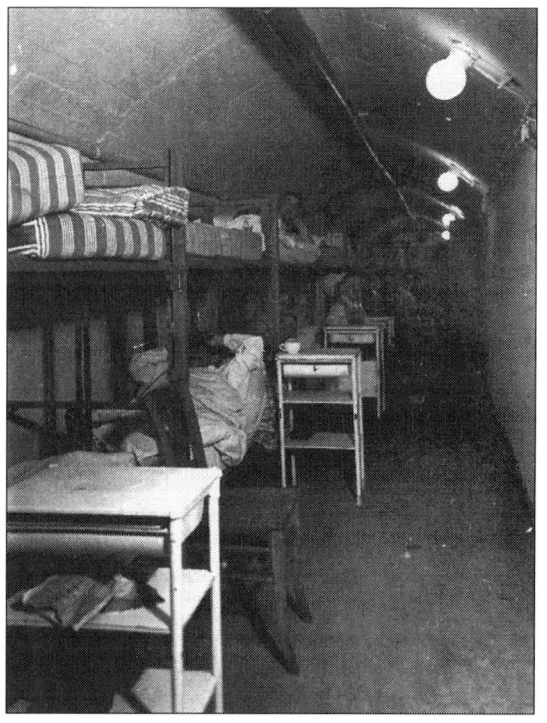

Nach den schweren Luftangriffen im Okto-ber 1944 wurde der Stollen an der Honig-straße um einen Operationsstollen erweitert. Hier sieht man einen Liegestollen für die Patienten. Angesichts dieser Bedingungen verwundert die bedrückende Atmosphäre im Stollen nicht.

Der Bunker an der Von-der-Tann-Straße in Kasslerfeld kurz nach seiner Fertigstellung. Nach den Angriffen vom Oktober 1944 wurde er für viele Kasslerfelder Familien bis zum Kriegsende zum Wohnsitz.

KEIN SCHUTZ FÜR ZWANGSARBEITER

Die zahllosen ausländischen Zwangs- und Zivilarbeiter sowie die Kriegsgefangenen erlebten bei Luftangriffen oft ein besonders tragisches Schicksal. Viele von ihnen mussten während der Luftangriffe ihr Leben lassen. Nach Gelsenkirchen (mit 27.810 Zwangsarbeitern) hatte Duisburg (25.305) den zweiten Platz in der Statistik des Grauens inne. Essen, die „Stahl-schmiede des Reiches", war erst auf Platz drei (24.785) zu finden. Insgesamt gab es Ende September 1944 227.997 ausländische zwangsrekrutierte Zivilarbeiter im Ruhrgebiet.

Im August 1940 beschäftigte die August-Thyssen-Hütte (ATH) 628 ausländische zwangs-verpflichtete Arbeitskräfte. 1944 waren es 7.400, unter ihnen 2.800 Kriegsgefangene und 2.800 sogenannte Ostarbeiter, also polnische und sowjetische Männer und Frauen, die in das Revier deportiert worden waren. Die Aufzählung der 1943 bei der ATH beschäftigten „Fremdarbeiter" las sich wie eine Liste der besetzten Gebiete. Kriegsgefangene aus Belgien, Frankreich und Russland, sowjetrussische und polnische Zivilarbeiter sowie italienische Militärinternierte wurden aufgeführt. Die Betriebe mussten Unterkünfte für diese Arbeits-kräfte schaffen. Seit 1940 baute die ATH neun Kriegsgefangenenlager und 17 Gemeinschafts-lager für deutsche und ausländische Arbeitskräfte.

Die unmenschlichen Arbeitsbedingungen, denen viele Zwangsarbeiter unterworfen waren, bewirkten hohe Krankenquoten. Zudem erhielten „Ostarbeiter" geringere Lebens-mittelzuteilungen. Bedrohlich war auch, dass die Zwangsarbeiter bei Luftangriffen nicht in die Bunker durften.

Auch an der Zieglerstraße in Duissern entstand 1941 ein Hochbunker. Die Begründung für den Bau, die Nähe des Stadtteiles zum Hauptbahnhof, war aufgrund der alliierten Flächenbombardierungen eigentlich irrelevant.

Bunker - Ausweis
für Bunker H.B.H

Name: Vollmer   Vorn. Anna

Wohnung: Hüttenheim

Strasse Huckinger 57   geb. 30.11.97

ist berechtigt, den Bunker der H.B.H. zu betreten.

Der Betriebsluftschutzleiter

Missbrauch d. Karte hat Einziehung z. Folge.

Jeder Bunker vergab einen solchen „Bunkerausweis", der zum Betreten des Bunkers berechtigte. Dieser Ausweis wurde für den Bunker der Heinrich-Bierwes-Hütte in Duisburg-Hüttenheim ausgestellt.

5

LUFTANGRIFFE AUF DUISBURG

Nach neuesten Forschungen wurde die Stadt Duisburg zum Ziel von 311 Luftangriffen. Nicht alle waren gegen die Stadt gerichtet, viele Bomben waren für andere Städte im Ruhrgebiet gedacht. Die Schäden wurden im Kriegsverlauf schwerer und forderten das Äußerste von den Duisburgern. Hier sieht man das zerstörte Kaufhaus Horten, damals noch Ecke Münzstraße/Beekstraße, nach dem Angriff vom 20. Dezember 1942. Das Kaufhaus Fahning mit seinem markanten Turmaufbau blieb hingegen fast unbeschädigt.

Basil Moslin aus Whitefield bei Manchester hat dieses Foto seiner Crew des RAF Bomber Command vor ihrem Flug zu einem Bombenangriff nach Deutschland gemacht. Auf beiden Seiten des Ärmelkanals setzte man gezielt auf den Einsatz einer Bomberflotte gegen den „Feind". Das besonders die Zivilbevölkerung darunter zu leiden hatte, war jedem bewusst.

Im Gegensatz zum Ersten Weltkrieg, als die militärische Luftfahrt noch in den Anfängen stand, hatte der Luftkrieg im Zweiten Weltkrieg an Bedeutung gewonnen. Insgesamt starben rund 1,5 Millionen Menschen durch Luftangriffe.

Der Krieg sollte alle Lebensbereiche durchdringen, so jedenfalls forderte es Reichspropagandaminister Joseph Goebbels. Am 18. Februar 1943 erklärte er im Berliner Sportpalast: „Jedermann wird in dieser ernstesten Phase unseres Schicksalskampfes zur Erfüllung seiner Pflicht der Nation gegenüber angehalten, wenn nötig gezwungen werden!" Goebbels war überzeugt: „Der totalste und radikalste Krieg ist auch der kürzeste!" Er, und mit ihm alle Deutschen, sollte(n) ihn bekommen.

Und auch Sir Arthur Harris, der spätere Chef des Bomber Command der RAF, war von einem Kriegskonzept, das auch die Zivilbevölkerung einschloss, überzeugt. Allerdings wurde diese Absicht nie explizit ausgesprochen. Vielleicht hoffte man, mit Hilfe von Präzisionsangriffen die Zahl der Opfer klein halten zu können.

Lord Trenchard stellte Ende der 1920er-Jahre einige Thesen zum Luftkrieg auf: „Es ist die Aufgabe der Luftstreitkräfte, die Widerstandskraft des Feindes durch Angriffe auf Ziele zu brechen, durch deren Zerstörung diese Absicht am ehesten erreicht wird. Die Luftwaffe muss, um den Gegner zu zerschlagen, nicht unbedingt erst seine Landtruppen vernichten." Zu diesem Zweck müsse man die Arbeiterinnen und Arbeiter in den Munitions- und Rüstungswerken in Deutschland so lange terrorisieren, bis sie nicht mehr zur Arbeit gingen. „Diese Form der Kriegsführung ist notwendig und unvermeidbar. Im Krieg verhält sich der moralische Faktor zum strategischen wie 20 zu 1."

Das Haus Krummacherstraße 19 wurde in der Nacht vom 5./6. Juni 1940 von Bomben getroffen. Hier sieht man die Helfer des SHD bei Aufräumungsarbeiten.

Beim Angriff vom 27./28. Juni 1940 fielen Bomben auf die Duisburger Kupferhütte in Hochfeld. Hier sieht man die Schrottrutsche und ein großes Sprengloch in der Aufgabeseite der Zementation. Gerade in einem Stadtteil wie Hochfeld lagen die Wohnhäuser gleich neben den Fabriken. So gab es starke Schäden an der Blücherstraße, Engelstraße, Hüttenstraße (NSV-Heim) und an der Werthauserstraße.

Am 10. Mai 1940 gab Hitler den Befehl zur „Westoffensive". Morgens um 5.35 Uhr brachen deutsche Truppen ohne Kriegserklärung in die neutralen Benelux-Staaten ein. Drei Tage später sollten die ersten Bomben auf Duisburg fallen.

Der Beginn der Westoffensive fiel in England mit der Ernennung Churchills zum Premierminister zusammen. Noch am gleichen Abend starteten britische Bomber gegen eine deutsche Stadt. Nun musste die Luftwaffe in aller Eile nachholen, was sie bisher versäumt oder zumindest vernachlässigt hatte, „ein Dach über Deutschland zu bauen".

Das britische Kriegskabinett beriet den ganzen 10. Mai über Luftangriffe auf das Ruhrgebiet. Der Entschluss dazu fiel am 11. Mai mit der Einschränkung, dass nur militärische Ziele bombardiert werden sollten. Merkwürdigerweise wurde Essen bereits am Abend des 10. Mai von drei Sprengbomben getroffen, wie aus Unterlagen der Feuerwehr und der Werkluftschutzleitung von Krupp hervorgeht. Und auch in Aldekerk, Geldern, Goch, Rees und Wesel fielen in der Nacht zum 11. Mai britische Bomben, jedoch ohne größere Schäden anzurichten. In Kamp-Lintfort forderte am gleichen Tag eine Bombe, die über dem Gelände der Zeche abgeworfen wurde, das erste zivile Todesopfer des Bombenkriegs gegen Deutschland, einen Bürger aus Issum.

Churchill gab am 8. Juli 1940 die weitere Richtung vor: „Es gibt etwas, das den Gegner zurückzuwerfen und niederzuschlagen vermag, das ist ein alles vernichtender und alles ausrottender Luftkrieg mit ganz schweren Bomben von England aus gegen das deutsche Heimatgebiet. Wir müssen den Feind mit diesem Mittel überwältigen, sonst sehe ich keinen Ausweg!"

Die Aufnahme von Roy Pengilley aus Henley on Thames in Oxfordshire zeigt die Bodencrew des RAF Bomber Command bei der Aufrüstung eines Wellington-Bombers. Die Vickers Wellington war der meistgebaute Bomber der Royal Air Force.

In der Nacht vom 12./13. Mai 1940 fielen gegen 2.50 Uhr die ersten acht Sprengbomben auf Duisburg. Sie trafen im Stadtteil Hochfeld Wohnhäuser zwischen Wörth- und Hüttenstraße und eine Gasleitung. Das Ziel der sechs Whitley- und sechs Wellington-Bomber waren Straßenkreuzungen zwischen Rhein und holländischer Grenze.

Nachdem in der darauffolgenden Nacht neun Sprengbomben auf den Hafenstadtteil Ruhrort abgeworfen wurden, wurde am 16. Mai um 0.27 Uhr erneut der Stadtteil Hochfeld von 12 Sprengbomben getroffen. Sie fielen zwischen Dickelsbachstraße und Hochfeldstraße. Hier an der Bachstraße gab es die ersten drei Luftkriegstoten in Duisburg.

Der Einschlag vor dem Haus Wanheimerstraße 4 verursachte umfangreiche Dach- und Fensterschäden an den angrenzenden Häusern. 39 Wellingtons, 36 Hampdens und 24 Whitleys sollten in dieser Nacht Industrie und Eisenbahnknotenpunkte im Ruhrgebiet bombardieren, u.a. Fabriken in Sterkrade. Dies war die erste strategische Bombardierung der deutschen Industrie im Zweiten Weltkrieg.

Wie nach jedem Bombenangriff gab es im gesamten Stadtgebiet „Blindgänger", Bomben, die nicht explodiert waren. Dieses Foto zeigt, wie die Gefahr zur Normalität wurde. An der Hermann-Rinne-Straße in Duisburg-Hütten-heim ließen sich Mutter und Tochter vor dem Warnschild ablichten und hielten damit auch ein Stück Geschichte im Bild fest.

Bei dem Luftangriff vom 7./8. Juli 1940 fiel eine Bombe zwischen die Rosiny-Mühle und die Liebfrauen-kirche. Der Schaden war im Vergleich zu späteren Angriffen gering. Viele Zeitzeugen erinnern sich, dass die Bombeneinschläge Menschen aus der ganzen Stadt anlockten, wie es auch hier der Fall war.

In Duisburg sprach der Polizeipräsident erstmalig beim 50. Luftangriff am 20./21. November 1940 von einem „Großangriff gegen die Gesamtstadt". 43 Bomber hatten Duisburg angegriffen. Der Hafen war das Ziel des bisher größten Angriffs auf die Stadt. Zwischen 1.02 und 3.13 Uhr fielen 74 Sprengbomben und 378 Brandbomben. Abstrus sah dieser Bombeneinschlag in Neudorf am Friedrichsruher Weg 7 aus.

Am 20./21. November 1940 trafen Bomben auch die Dachpappenfabrik von Carstanjen an der Pappen-
straße in Neudorf. Auf dem Gelände wurden Anfang 2010 bei Bauarbeiten in nur wenigen Tagen
mehrere Bombenblindgänger gefunden. Im Hintergrund erkennt man die Eckhäuser Pappenstraße/
Bismarckstraße.

In England setzte man nach Auskunft von Douglas Radcliffe die Größe einer Bomberflotte
für einen „Großangriff" mit 100 Bombern an. Bei 22 Angriffen, die direkt gegen Duisburg
gerichtet waren, gab es eine entsprechende Anzahl von Bombern. Gegen die damals noch
selbstständigen Städte Homberg und Rheinhausen fanden insgesamt zehn „Großangriffe"
statt, neun gegen Homberg und einer gegen Rheinhausen.

Die meisten Angriffe gegen Duisburg wurden von hochfliegenden Mosquito-Bombern
geflogen. Oft handelte es sich um Scheinangriffe, die vom tatsächlichen Ziel des Haupt-
angriffsverbandes ablenken sollten, oder um Störangriffe, sogenannte „Sirenen-Touren", die
die Bewohner der Stadt in die Bunker lockten. Es gab insgesamt 102 Mosquito-Angriffe
gegen Duisburg, Homberg und Rheinhausen.

Zahlreiche Bomben, die Duisburg trafen, waren Fehlwürfe von 183 Angriffen, die eigentlich gegen Nachbar- und andere Städte gerichtet waren. Sieben Angriffe hatte die 8. USAAF
geflogen. So betrachtet gab es 132 geplante Angriffe durch das Bomber Command gegen
Duisburg oder einen Stadtteil im alten Stadtgebiet. Bei 33 Angriffen des RAF Bomber Command und der 8. USAAF fielen die Bomben nicht auf Duisburg. Zehn Angriffe der RAF
richteten sich gegen Rheinhausen und 23 gegen Homberg. Von 180 Angriffen, die im BCWD
zu finden waren und bei denen Bomben auf Duisburg fielen, waren 34 Angriffe allgemein
gegen Deutschland und zwölf Angriffe gegen das Ruhrgebiet gerichtet.

RHEINHAUSEN

Es ist verwunderlich, dass sich in der offiziellen Chronik des Bomber Command nicht ein schwerer Angriff gegen die Stadt findet, die als strategisch wichtiges Industrieziel auf der obersten Stufe der Prioritätenliste stand und durch ihre prädestinierte Lage direkt am Rhein ein ideales Angriffsziel gewesen wäre. „Nur" neun Mosquito-Störangriffe sind aufgeführt und erst im Januar 1945 griffen die Amerikaner die in der künftigen „Kampfzone" liegende Stadt massiv an. Und wieder war nicht die Krupp-Hütte das Ziel, sondern der „Rangierbahnhof in Hohenbudberg". Die 39 Tonnen Bomben, die auf Friemersheim fielen, waren allerdings sehr bescheiden im Vergleich zu der Bombenmenge, die man im Verlauf des Kriegs der Firma Thyssen zugedacht hatte. Und dennoch, auch Rheinhausen verzeichnete viele Tote und schwere Gebäudeschäden durch Bombenwürfe im Rahmen von Angriffen gegen Duisburg oder andere Städte des Ruhrgebiets.

HOMBERG

Gegen die Stadt Homberg waren 23 direkte Angriffe befohlen worden. Die Rheinpreußen-Raffinerie als kriegswichtiger Lieferant für Kraftstoffe wurde der „Stadt im Grünen" zum Verhängnis.

DIE AMERIKANER GREIFEN DUISBURG AN

Die 8. US Air Force flog ab November 1944 sieben Angriffe gegen Duisburg. Am 6. November starteten erstmals 65 US-Bomber mit 134,9 Tonnen gezielt gegen die Kokerei Bruckhausen in Duisburg. Einen Tag später flog eine Mosquito der 25. BG der 8. USAAF einen PR-Flug (Aufklärungsflug) gegen die Stadt. Bombentreffer gab es keine. Und auch als am 23. November Duisburg und Gelsenkirchen von 134 B-17-Bombern angegriffen wurden, trafen die 31,6 Tonnen Bomben nicht den als Ausweichziel angegebenen Verschiebebahnhof in Duisburg.

Am 10. Januar 1945 flogen zunächst elf Maschinen mit 33 Tonnen Duisburg an, Ziel war eine Brücke. Der deutsche Nachschub sollte durch die Zerstörung von Verkehrsverbindungen unterbrochen werden. Um 12.26 Uhr fielen beim 272. Angriff 27 Sprengbomben und eine Luftmine auf die Stadt.

Bei Angriff 276 am 28. Januar sollten 169 B-17 den Rangierbahnhof Hohenbudberg mit 447,5 Tonnen zerstören und 13 B-17 mit 39 Tonnen hatten Friemersheim als Ziel. 80 B-17 mit 224,5 Tonnen sollten die Straßenbrücke Rheinhausen/Duisburg bombardieren und weitere zehn Maschinen mit 29 Tonnen eine Autobahnbrücke. In Duisburg wurden zwischen 12.35 und 13.15 Uhr drei Luftminen, 548 Sprengbomben und 200 Stabbrandbomben gezählt.

Am 1. Februar 1945 fielen zwischen 14.44 und 14.50 Uhr weitere 62 Sprengbomben und eine Luftmine auf die Stadt. Eigentlich sollten 36 B-17 mit 103 Tonnen einen Rangierbahnhof in Krefeld und 139 B-17 mit 381 Tonnen Wesel angreifen. Da es jedoch auch einen GH-Angriff von 160 Lancastern der 3. BG des RAF BC bei dichter Bewölkung gegen Mönchengladbach gab, ist nicht klar erwiesen, von wem die Bombenfehlwürfe auf Duisburg stammten. Der letzte Angriff der 8. USAAF gegen Elektrizitäts- und Gaswerke in Duisburg wurde von 25 B-24-Bombern mit 57,5 Tonnen am 21./22. Februar 1945 geflogen.

Walsum gehörte seit Kriegsbeginn zum „Luftschutzort 1. Ordnung Duisburg" und die Bombenabwürfe dort wurden in den Berichten über Duisburger Luftangriffe mit angegeben. Die aufgeführten Stadtteile entsprachen nicht immer denen in den offiziellen Statistiken. Die Beamten wählten in der Regel die Grenzen der Luftschutz-Polizeireviere, zum Teil aber auch Gemarkungsbezeichnungen.

Beim Luftangriff vom 11./12. Juni 1941 wurde das Haus der Metzgerei Berns an der Ecke Sonnenwall/ Friedrich-Wilhelm-Platz zerstört. Und so gingen Tag für Tag immer mehr Erinnerungen an das alte Duisburg verloren.

Am 6./7. September 1942 setzten beim 129. Luftangriff 207 Bomber, 137 Sprengbomben, 26 Luft-minen, 8.353 Brandbomben (1,7 kg) und 1.793 Phosphorbrandbomben das Vernichtungswerk gegen Duisburg fort. Die Bomben fielen zwischen 3.40 und 4.27 Uhr. Ihnen fiel auch die alte Tonhalle zum Opfer. Hinten links erkennt man das Landgericht.

Die Besatzungen fanden Dunst und Wolken über Duisburg vor und meinten, dass es keine konzentrierte Bombardierung gegeben hatte. Dabei hatte Duisburg soeben den bisher schwersten Angriff erlebt. Die Bomben fielen auch hier an der Mülheimerstraße/Ecke Bechemstraße in Duissern. Der Störtrupp der Duisburger Verkehrsgesellschaft repariert gerade die Oberleitung der Straßenbahn.

Dass es immer noch eine Steigerung geben konnte, merkten die Duisburger wenige Tage vor dem Weihnachtsfest 1942. Am 20./21. Dezember, es war der 132. Luftangriff gegen die Stadt, flogen 111 Lancaster-, 56 Halifax-, 39 Wellington- und 26 Stirling-Bomber zwischen 19.47 und 20.18 Uhr einen Brandangriff. Hier brennt der „Primus-Palast" an der Königstraße am Hauptbahnhof.

Neben 168 Sprengbomben und acht Luftminen fielen 35.793 Brandbomben (1,7 kg), 22 Phosphorbrandbomben und fünf Brandkanister auf Duisburg. Die Sicht war klar und die Zerstörung groß. In dieser Nacht wurde auch das Duisburger Stadttheater zerstört.

Als die Menschen am nächsten Morgen den Bunker an der Universitätsstraße verließen, erkannten sie ihre Stadt nicht mehr wieder. Die kleinen Häuser an der Steinschen Gasse waren alle ausgebrannt.

Ebenfalls getroffen war das Kabelwerk in Wanheimerort. Doch zeigt dieses seltene Foto nicht nur die totale Zerstörung des Werkes, sondern auch drei Zwangsarbeiterinnen inmitten dieser Trümmerwüste. So sah die Realität wenige Tage vor dem Weihnachtsfest 1942 in Duisburg aus.

Die Besatzung wartete auf ihren Einsatz. Fred G. Hammacott aus Agincourt in Ontario hat dieses Foto gemacht und erinnert sich noch immer an die nicht sehr beliebten Angriffe gegen das Ruhrgebiet.

Wenn man im Frühjahr 1943 im Stab des Bomberkommandos der RAF den Namen „Duisburg" hörte, dann verfinsterten sich die Mienen der Offiziere, die im unterirdischen Hauptquartier in High Wycombe Dienst taten. Nur sie kannten das ganze Ausmaß des Fehlschlags aller bisherigen Angriffe gegen die Stadt an der Ruhrmündung. Nur sie wussten, wie groß die Menschen- und Materialverluste waren, die das Bomberkommando auf sich genommen hatte, um Duisburg in Schutt und Asche zu legen. Und sie wussten auch, dass Duisburg entgegen den Plänen nur ein paar Schrammen davongetragen hatte. Die Duisburger selbst ahnten nicht, wie oft das Schicksal ihnen bereits gnädig gewesen war. Ihre Stadt sollte schon zu Beginn des Krieges vernichtet werden.

Aber wenn die Bomberflotten mit dem Ziel „Duisburg" starteten, dann war der Fehlschlag vorprogrammiert. Zwar fielen in diesen Nächten auch Bomben auf Duisburg, aber die Masse der Bomben ging garantiert auf andere Städte des Ruhrgebiets nieder. Und wenn einmal zahlreiche Bomben auf Duisburg fielen, wie in der Nacht vom 1. zum 2. Juni 1942, dann waren sie nicht für Duisburg, sondern für Essen bestimmt. Obwohl Duisburg durch seine Lage an Rhein und Ruhr sowie durch den riesigen Binnenhafen ein deutlich zu erkennendes Ziel zu sein schien, hatte die Stadt zwei mächtige Verbündete: die feuchten Schwaden des Rheins und die Abgase der zahllosen Fabrikschornsteine. Sie verbanden sich zu einem dichten Dunstschleier, der aus großer Höhe nicht mehr durchsichtig war. Und die starken Flakbatterien rings um die Stadt sorgten dafür, dass die Bomber so hoch wie nur irgend möglich fliegen mussten.

Selbst während der gewaltigen Luftschlacht an der Ruhr im Frühjahr 1943 schien Duisburg das Glück günstig gesonnen zu bleiben. Bei den ersten drei Angriffen, am 25. März sowie in der Nacht vom 8./9. April 1943, lag eine geschlossene Wolkendecke über dem Ruhrgebiet. In dieser Nacht wurde der „Mercator-Palast" an der Königstraße schwer beschädigt. Hier liefen vor dem Krieg viele Uraufführungen der UFA.

Der vierte Großangriff auf Duisburg, in der Nacht vom 26./27. April 1943, wurde mit 557 Maschinen geflogen. Sieben Mosquito-Schnellbomber, von England aus durch „OBOE" nach Duisburg gelenkt, warfen rote Markierungsbomben direkt ins Stadtzentrum. Das Foto aus Neudorf ist ebenfalls ein seltenes zeitgeschichtliches Dokument, zeigt es doch Männer in Sträflingsanzügen bei der Schuttbeseitigung.

Eine der letzten Aufnahmen der Salvatorkirche mit ihrer alten Turmspitze entstand am 27. April 1943 nach dem Luftangriff in der Nacht zuvor. Aufklärerfotos zeigten, dass die Stadt längst nicht so stark zerstört war, wie sie hätte sein müssen. Luftmarschall Harris stand vor einem Rätsel und setzte eine wissenschaftliche Studienkommission ein. Eine Woche später hatten die Wissenschaftler einen Weg gefunden, wie Duisburg garantiert zerstört werden konnte.

Ein einziges Trümmerfeld fand man nach dem Angriff vom 29./30. März 1943 in Neudorf an der Ecke Bismarckstraße/Kammerstraße.

„Für diese Stadt war das Verfahren des Flächen-Bombardements ausgesprochen unwirtschaftlich", hieß es in einem Bericht, den Luftmarschall Harris von einer wissenschaftlichen Studienkommission anfertigen ließ, um die Probleme bei der Bombardierung Duisburgs endlich zu beheben. „Zum Stadtgebiet gehören große Flächen von unbebautem Gelände, die sich in wirren Mustern zwischen die einzelnen Stadtteile schieben. So wurden zahlreiche über Duisburg ausgelöste Bomben verschwendet, weil sie auf Wasserflächen oder Felder fielen."

Der zweite Punkt des Untersuchungsberichts stellte eine weitere simple Tatsache fest: „Obwohl die Hafenanlagen bisher bei jedem Angriff als Zielpunkt festgelegt und mehrfach auch ausreichend markiert worden sind, konnten dort keine wesentlichen Zerstörungen festgestellt werden. Dagegen zeigen die Zielaufnahmen, dass die Bombeneinschläge je weiter vom Zielpunkt entfernt liegen, je länger der Angriff dauert. Die Einschläge kriechen bis zu zwanzig Kilometer nach rückwärts. In Duisburg aber, das aus dem Norden angeflogen wird, bedeutet dieses Rückwärtskriechen des Angriffs, dass die Bomben in die dünn bebauten Gebiete zwischen Duisburg und Oberhausen und in die Kirchheller Heide fallen. [...] Wenn der fünfte Großangriff auf Duisburg erfolgreicher sein soll als alle bisherigen, dann muss der Zielpunkt des Angriffs rund 2,5 Kilometer südlich des eigentlichen Ziels, der Hafenanlagen, liegen", hieß es im Memorandum der Wissenschaftler an den Chef des BC. „Eine solche Verlagerung des Zielpunktes dürfte ausreichen, um auch beim unweigerlich eintretenden Rückwärtskriechen der Einschläge die Innenstadt und das gesamte bebaute Stadtgebiet von Duisburg mit Bomben einzudecken."

Diese Aufnahme vom 11. Januar 1943 zeigt, was die britischen Wissenschaftler analysiert hatten. Hier war eine Bombe in ein Feld in Duissern südlich vom Ruhrdeich gefallen, es entstand nur geringer Flurschaden. Links ist die Aackerfährbrücke zu erkennen.

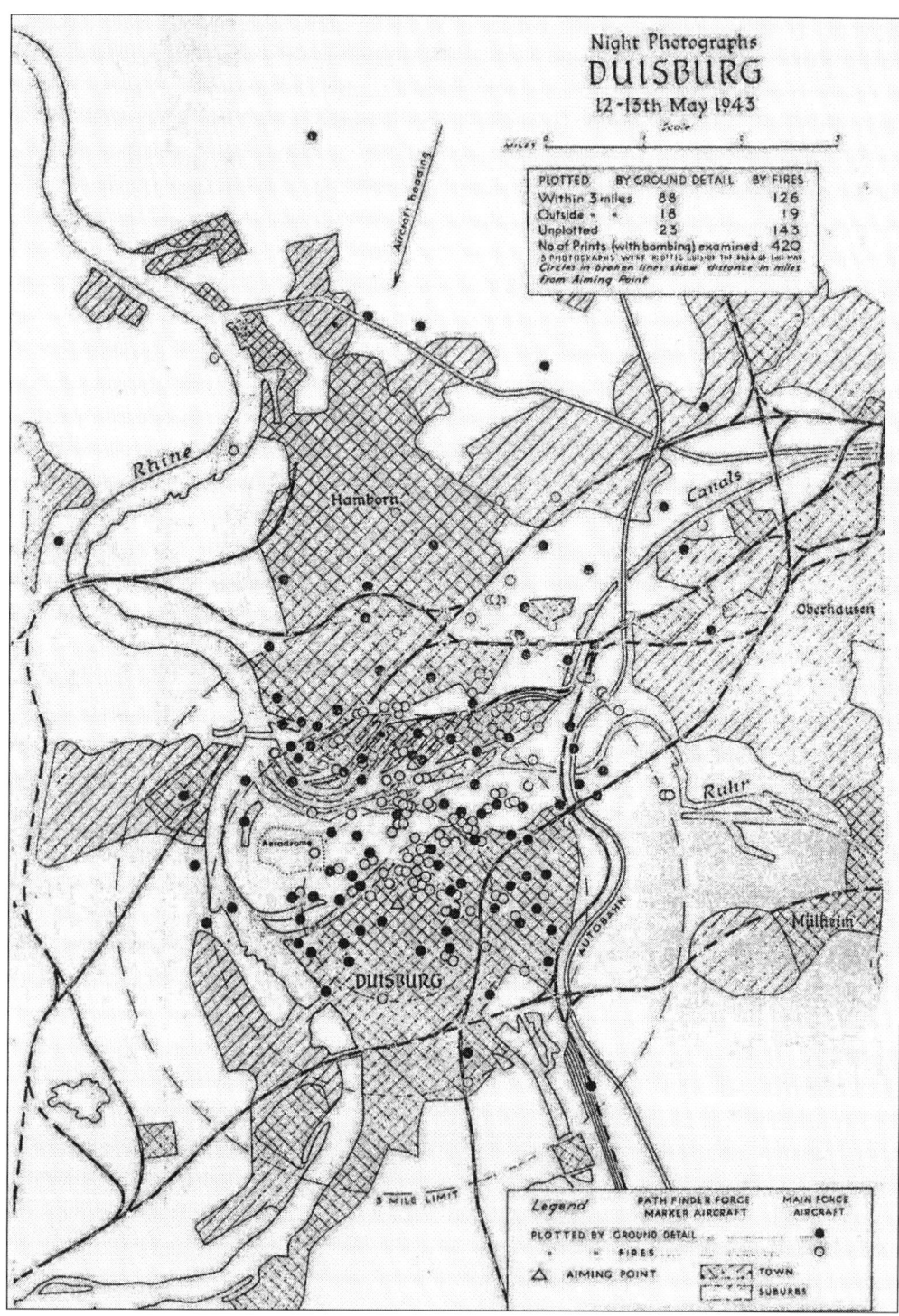

Night Photographs
DUISBURG
12-13th May 1943

PLOTTED	BY GROUND DETAIL	BY FIRES
Within 3 miles	88	126
Outside " "	18	19
Unplotted	23	143
No of Prints (with bombing) examined		420

Kenneth F. Acland aus Durleigh, Bridgwater, Sommerset hat diese interessante Auswertungskarte der Zielaufnahmen vom Luftangriff auf Duisburg am 13. Mai 1943 gefunden, auf der der Zielpunkt genau eingezeichnet ist. Es handelt sich um die Salvatorkirche. Man sprach dabei vom „Aiming Point cathedral".

Der Blick vom Bunker an der Oberstraße geht hier auf den „Zielpunkt" des Angriffs vom 12./13. Mai 1943, die Salvatorkirche. Ebenfalls zu erkennen ist der massive Einsatz von Brandbomben, denn die meisten vor allem mittelalterlichen Gebäude waren ausgebrannt.

Die Praxis folgte den theoretischen Ausführungen der englischen Kommission auf dem Fuß. Am Vormittag des 12. Mai 1943 wurden sämtliche Telefonleitungen von den Flugplätzen der Bomber nach draußen abgeschaltet. Wenig später hingen die Einsatzbefehle für 572 Besatzungen an den Schwarzen Brettern. Am frühen Nachmittag drängten sich die Männer vom fliegenden Personal in den großen Nissenhütten zur Einweisung: „Ihr Ziel in der kommenden Nacht heißt Duisburg", erklärten die Operationsoffiziere. „Der Hafen ist der größte Binnenhafen Europas. In den Duisburger Hütten- und Walzwerken werden dreißig Prozent der deutschen Eisen- und Stahlproduktion gewonnen und verarbeitet. Die Stadt ist einer der wichtigsten Eisenbahnknotenpunkte des Reiches, mit über vierhunderttausend Einwohnern. Das Bomberkommando erwartet von jedem seiner Angehörigen einen todesmutigen Einsatz, damit dieser Eckpfeiler der Festung an der Ruhr endlich einstürzt."

Der vierte Angriff gegen Duisburg im „Battle of the Ruhr" war der 161. Luftangriff. Zwischen 1.52 und 2.55 Uhr in der Nacht vom 12./13. Mai 1943 ging das alte Duisburg unter, die mittelalterliche Altstadt. 1.085 Sprengbomben, 106 Luftminen, 112.700 Brandbomben (1,7 kg) und 15.275 Phosphorbrandbomben (14 kg) verwandelten die Stadt in ein „Flammendes Inferno". Die ersten Bomber waren nur teilweise erfolgreich. Die Markierungen in dieser Nacht waren perfekt und die Bombardierung des Hauptverbandes, der sich aus 238 Lancaster-, 142 Halifax-, 112 Wellington-, 70 Stirling und zehn Mosquito-Bombern zusammensetzte, konzentriert. In Duisburg schätzte man die Zahl der Angreifer auf 300 Maschinen.

Hier am Friedrich-Wilhelm-Platz haben die Menschen ihre letzten Habseligkeiten aus den umliegenden Häusern gerettet. Doch Tausende Duisburger hatten nur ihr Leben retten können und standen vor dem Nichts.

Eine Feindmaschine erhielt über der Stadtmitte einen Volltreffer und zerplatzte in der Luft. Die Flugzeugtrümmer gingen im ganzen Stadtgebiet nieder. Vier Besatzungsmitglieder wurden tot aufgefunden. Eine weitere, offenbar zweimotorige Maschine stürzte auf der Emmericher Straße in Meiderich ab und zerschellte beim Aufschlag vollständig. Auf dem Spielplatz des Meidericher Spiel-Vereins an der Westender Straße war ebenfalls eine Maschine abgestürzt. Näheres weiß man nicht darüber, weil die Absturzstelle in weitem Umkreis sofort von der Wehrmacht abgesperrt und der Zutritt verboten wurde. Eine vierte Feindmaschine stürzte auf freies Gelände an der Stepelschen Straße in Beeckerwerth und verbrannte. Es handelte sich um einen viermotorigen Bomber. Acht Mann der Besatzung wurden tot aufgefunden.

Das Stadtzentrum und der Hafen erlitten schwere Schäden. Vier Thassen-Betriebe waren beschädigt. Die Bomben fielen auf Beeck, Bruckhausen, Dellviertel, Duissern, Fahrn, Hafengebiet, Hamborn, Hochfeld, Huckingen, Kaßlerfeld, Marxloh, Meiderich, Neudorf, Neumühl, Ruhrort, Stadtmitte, Walsum und Wanheimerort. Alleine der Endbericht über die Angriffsauswirkungen umfasste 72 eng beschriebene Seiten. 82 Luftschutzräume wurden zerstört und 80 schwer beschädigt. 272 Tote soll der Angriff gefordert haben. 1.735 Gebäude wurden total zerstört, 1.576 schwer, 1.657 mittelschwer und 6.953 leicht beschädigt. Rund 2.000 Kriegsgefangene und Zwangsarbeiter wurden zur Schadensbeseitigung in die Stadt gebracht. Die Briten erachteten es danach nicht als notwendig, Duisburg während der „Schlacht um die Ruhr" noch einmal anzugreifen.

Der Angriff vom 12./13. Mai 1943 war nach englischen Angaben der schwerste, der bis dahin gegen eine deutsche Stadt geflogen worden war. Besonders die Altstadt wurde schwer getroffen, Münz- und Kasinostraße waren völlig vernichtet, die Beekstraße zu 90 %, ähnlich die Umgebung des Burgplatzes mit der Salvatorkirche und zahlreiche historische Bauten. Der Hafenbetrieb lag eine Woche lang still. Der Hafenbahnhof war schwer beschädigt worden, Bahnanlagen, Kipper und Kippanlagen zum Teil total zerstört. 300 Schiffe wurden beschädigt, 34 davon sanken. Das Duisburger Straßenbahndepot wurde schwer, das in Duisburg-Meiderich mittelschwer beschädigt.

In einem vertraulichen Bericht vom 21. Juni 1943 an das Polizeipräsidium Duisburg schilderte Oberbürgermeister Freytag sehr deutlich die Auswirkungen der Fliegerangriffe auf die Stadt in den ersten drei Kriegsjahren. Zweck seiner Ausführungen sollte sein, „ein der Wirklichkeit entsprechendes Bild von den in Duisburg in drei Jahren planmäßigen Luftkrieges angerichteten Fliegerschäden zu geben. Dabei sollen die in der Öffentlichkeit genannten, z.T. übertriebenen Zahlen auf ihr richtiges Maß zurückgeführt werden." Freytag weiter: „Seit mehr als drei Jahren steht die in den Wehrmachtsberichten oft genannte Stadt Duisburg im Mittelpunkt der feindlichen Fliegerangriffe auf die deutsche Heimat. Im Durchschnitt hatte die Stadt bisher alle zwei Tage bzw. Nächte einen Fliegeralarm und jede Woche einen Fliegerangriff zu bestehen."

Eine Erhebung der Stadt vom 22. Mai 1943 ließ erkennen, dass die in der Nähe der Hafen- und sonstiger Verkehrsanlagen (z.B. Eisenbahn) gelegenen Stadtbezirke, die zugleich besonders dicht besiedelt waren, von den Fliegerangriffen am stärksten betroffen waren. So waren bis zu dieser Erhebung in den Stadtteilen Neudorf, Kaßlerfeld, Neuenkamp, Meiderich, Stadtmitte, Duissern, Ruhrort, Laar und Hochfeld, die zusammen 42 % des Duisburger Hausbestandes umfassten, 88 % sämtlicher Wohngebäude völlig zerstört oder beschädigt, während von der Gesamtzahl der Duisburger Wohnhäuser 58,7 %, also drei Fünftel, zerstört oder beschädigt waren.

Im Hauptquartier des Bomber Command war man 1943 mit dem Ausmaß der Zerstörungen in Duisburg derartig zufrieden, dass man über ein Jahr lang glaubte, die Stadt lohne keinen Großangriff mehr. Zwar mussten die Menschen nach wie vor in die Bunker und Keller hasten, weil regelmäßig Störangriffe von Schnellbombern geflogen wurden. Aber das ganz große Elend blieb der Stadt für lange Zeit erspart.

Das Jahr 1944 wurde, was die Luftangriffe auf Duisburg anbelangt, ein Jahr des Verderbens. Im Laufe des Kriegs passten sich die vertraulichen Berichte des Polizeipräsidenten der stark veränderten Lage an. Waren anfangs nicht nur jede Sprengbombe, sondern auch jede Stabbrandbombe und jeder Erdkrepierer der Flak nach Ort und Schadenshöhe mit äußerster Sorgfalt aufgeführt worden, so summierte man bald nur noch auf. Die riesigen Mengen an Brandbomben konnten nicht mehr gezählt werden.

Der dreifachen Angriffsserie im Rahmen der „Operation Hurricane" am 14./15. Oktober 1944 ist ein eigenes Kapitel gewidmet.

Es war der 21./22. Mai 1944, als beim 220. Luftangriff 510 Lancaster und 22 Mosquitos zwischen 1.06 und 1.45 Uhr ihre Bombenlast über Alsum, Angerhausen, Beeck, Bruckhausen, Buchholz, Dellviertel, Duissern, Ehingen, Hafengebiet, Hochfeld, Huckingen, Hüttenheim, Kaßlerfeld, Laar, Meiderich, Mündelheim, Neudorf, Ruhrort, Serm, Wanheim und Wanheimerort abluden. Hier das zerstörte Mercator Gymnasium an der Musfeldstraße in Hochfeld.

Einen Volltreffer erhielt das St.-Anna-Krankenhaus in Huckingen. 48 Patienten und Mitarbeiter wurden getötet. Die Luftschutzpolizei zählte 161 Sprengbomben, 55 Luftminen und 106.638 Brandbomben. Diese setzten sich zusammen aus 100.620 Brandbomben (1,7 kg), 5.988 Phosphorbrandbomben (14 kg) sowie „erstmalig 30 Flammstrahlbomben", die in Duissern niedergingen. Die Maschinen gehörten zu den 1., 3., 5. und 8. BG. Die größten Zerstörungen gab es in den südlichen Stadtgebieten sowie in Rheinhausen.

Auf einem Flugplatz in Südengland hat Ray. R. Jones aus Eastville bei Bristol diese wartenden Bomber festgehalten. Am 20./21. Juli 1944 war die damals noch selbstständige Nachbarstadt Homberg ein Ziel für 147 Lancaster- und 11 Mosquito-Bomber der 1., 3. und 8. BG des BC. Es war der 13. Luftangriff gegen die Stadt, Ziel war die Ölraffinerie „Rheinpreußen". Die deutsche Nachtjagd konnte die Angreifer abfangen und 20 Lancaster gingen verloren.

Auch am 27. August 1944 richtete sich der Angriff direkt gegen Homberg. Es war der 15. Angriff gegen die Stadt, bei dem aber auch Bomben auf Duisburg fielen. Hier handelte es sich um den 227. Luftangriff. 216 Halifax-Bomber der 4. BG, 13 Lancaster- und 14 Mosquito-Bomber der 8. BG wurden zum ersten größeren Angriff des BC gegen Deutschland bei Tageslicht seit dem 12. August 1941 entsendet. Von 14.02 bis 14.19 Uhr fielen 428 Sprengbomben auch auf Duisburg. Hier die Ecke Münzstraße/Beekstraße, im Hintergrund die Turmruine des Rathauses.

Das letzte Kriegsjahr hatte begonnen und noch vier Großangriffe standen der Stadt Duisburg bevor. Der erste am 22./23. Januar 1945. 286 Lancaster- und 16 Mosquito-Bomber der 1., 3. und 8. BG griffen die Benzolanlage in Bruckhausen an. Bei hellem Mondschein enstanden schwere Schäden. Auch die Thyssen-Werke wurden zwischen 19.58 und 20.20 Uhr getroffen. Es war der 275. Luftangriff gegen die Stadt.

Den letzten vom RAF Bomber Command als „Großangriff auf Duisburg" bezeichneten Angriff flogen 362 Lancaster- und 11 Mosquito-Bomber am 21./22. Februar 1945. Es war ein erfolgreicher Flächenangriff mit vielen Zerstörungen, wie hier an der Gymnasialstraße. Unterstützung gab auch die 8. USAAF bei deren 7. Angriff gegen Duisburg. Es war der 287. Luftangriff, von 22.55 bis 23.26 Uhr fielen 778 Sprengbomben, 46 Luftminen, 63.690 Brandbomben (1,7 kg) und 120 Phosphorbrandbomben (14 kg) auf Duisburg.

Auffällig ist bei der Betrachtung der dem RAF Bomber Command befohlenen Ziele, dass nur ein einziges Mal, am 3./4. November 1943, die Krupp-Werke in Rheinhausen von 13 Mosquitos angegriffen werden sollten. Dieser Blick vom Bunker an der Hochfelder Straße auf die Rosastraße im März 1945 zeigt eine halbwegs intakte Bebauung.

Den letzten Großangriff gegen Homberg flogen 127 Halifax-, 23 Lancaster- und elf Mosquito-Bomber am 14./15. März 1945. Es war der 23. direkte Angriff gegen die „Stadt im Grünen". Ziel war es, „den Rückzug deutscher Truppen zu erschweren". Doch bereits am 5. März 1945 hatten die letzten deutschen Truppen über den Rhein gesetzt, da man am Folgetag sämtliche Rheinbrücken gesprengt hatte.

AIMING POINT „CATHEDRAL"

Die Frage, wer denn nun mit den „Terrorangriffen", wie die gleichgeschaltete nationalsozialistische Presse immer wieder titelte, angefangen hatte, soll hier nicht noch einmal diskutiert werden. Fest steht, dass die „kombinierten Flächenbombardements" der Ausgangspunkt waren. Der in London, Coventry und anderen Städten gesäte Wind wurde zum Sturm über Deutschland mit den grausigen Höhepunkten in Hamburg und Dresden. Nicht umsonst nannten die Briten die größte Luftoperation des Kriegs gegen das Reichsgebiet „Operation Hurricane". Und Duisburg war eines der Hauptziele dieser Operation.

In England sprach man inoffiziell von „aiming point Cathedral", „Zielpunkt Kathedrale" statt von „Flächenbombardements". Als am 25. Juli 1943 die „Operation Gomorrha" gegen Hamburg begann, war beim ersten Hauptangriff der RAF die St.-Nicolai-Kirche der Zielpunkt. In Duisburg war der Zielpunkt nach den Erinnerungen zahlreicher ehemaliger RAF-Besatzungsmitglieder der Turm der „old town church". Den Namen der alten Stadtkirche kannten sie nicht, aber anhand von Zielfotos konnte festgestellt werden, dass die Salvatorkirche gemeint war.

*Hatte man die ersten Toten der Luftangriffe noch zu „für Führer, Volk und Vaterland Gefallenen"
stilisiert, ging man mit der steigenden Zahl von Toten nicht nur in Duisburg schon fast dazu über, die
Menschen in Massengräbern zu verscharren. Oft verwendete man Bombentrichter, wie hier auf dem
Waldfriedhof im Mai 1944.*

*Baggereinsatz an der Rheinhauserstraße 182 in Hochfeld nach dem Angriff vom 6./7. September 1942.
Hier waren sieben Häuser zerstört und es gab 41 Tote. Als im Frühjahr 1942 die Zahl der Verschütteten
so stark stieg, dass man kaum noch in der Lage war, die Menschen rechtzeitig zu bergen, wurde der Einsatz von Baggern angeordnet, der bisher aus psychologischen Gründen zurückgestellt worden war.*

6

DUISBURG ALS ZIEL DER „OPERATION HURRICANE"

Die „Operation Hurricane" am 14./15. Oktober 1944 war die größte Luftoperation der alliierten Luft-
streitkräfte im Zweiten Weltkrieg. Sie darf in dieser Zusammenfassung des Luftkriegs auf die Stadt Duis-
burg, die eines der Hauptziele dieser Operation war, nicht fehlen – wenn auch nur in knapper Form. Eine
ausführliche Betrachtung ist einem späteren Zeitpunkt vorbehalten. Ross Wheaton aus Rostrevor in South
Australia mit seiner Crew vor dem Angriff auf Duisburg. Auf der Rückseite hat er den dreifachen Schlag
gegen die Stadt an der Ruhrmündung vermerkt.

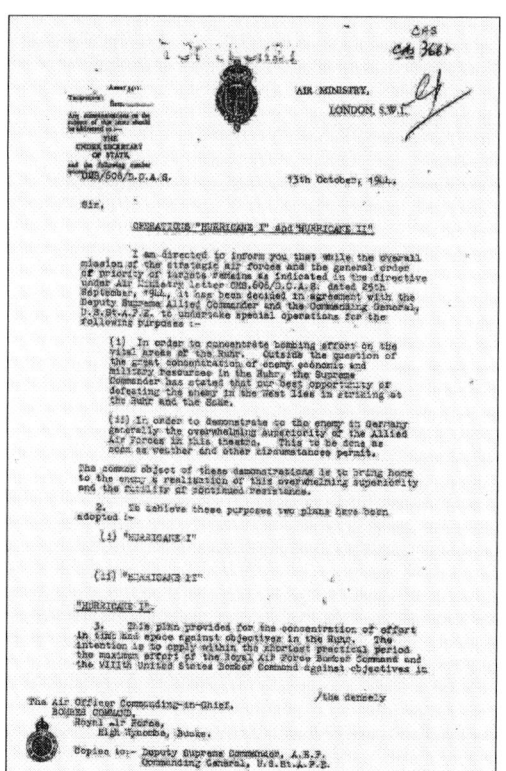

Hier sieht man den Angriffsbefehl vom 13. Oktober 1944, herausgegeben vom Air Ministry, dem Luftfahrtministerium, das für die Royal Air Force zuständig war.

Am 4. September 1940 säte Adolf Hitler in seiner Rede zur Eröffnung des Winterhilfswerks den Wind, den die Engländer vier Jahre später als „Orkan" zurückgaben: „Wenn die britische Luftwaffe zwei- oder drei- oder 4.000 Kilogramm Bomben wirft, dann werfen wir jetzt in einer Nacht 150.000, 180.000, 230.000, 300.000, 400.000 und mehr Kilo! Und wenn sie erklären, sie werden unsere Städte in großem Maßstabe angreifen – wir werden ihre Städte ausradieren!"

Am 13. und in der Nacht zum 14. Oktober wurden keine schweren Bomber mehr eingesetzt. Sie wurden alle für die bevorstehende „Operation Hurricane" gewartet. Nur zwei Wellingtons und eine Liberator flogen eine Patrouille. Als man um 11.30 Uhr in den einzelnen Squadrons mit den Vorbereitungen begann, bei der auch die Funkgeräte der Bomber mit den Bodenstationen abgestimmt wurden, informierte der deutsche „Funk-Horchdienst" die Führungsstäbe.

Wilhelm Schnitzler, damals Flaksoldat bei einem Scheinwerferregiment in Duisburg-Hüttenheim erinnerte sich: „Am Morgen des 13. Oktober 1944 bekamen wir gegen 11.30 Uhr die Meldung, dass sich auf den südenglischen Flugplätzen etwas zusammenbraute. Große Flugzeugansammlungen wurden von einer Peilstelle am Kesselsberg gemeldet, die mit einer anderen in Eindhoven in Verbindung stand. Wir wussten nun, dass etwas zu erwarten war, aber wo? Ein Zeichen dafür, dass ein Angriff bevorstand war, wenn die Funkabhörstellen die typischen Geräusche vernahmen, die entstanden, wenn die Funkgeräte in den Bombern abgestimmt wurden. Die Vielzahl und Intensität ließen auch in etwa einen Rückschluss auf die Menge der am Start stehenden Maschinen zu."

Bereits beim im Mai 1943 wurden viele Gebäude von Brandbomben zerstört, wie hier das alte Kaufhaus Karstadt an der Ecke Münzstraße/Poststraße. In einer geheimen Mitteilung vom 1. Oktober 1944 wurde die strategische Bedeutung der Stadt Duisburg noch einmal detailliert beschrieben. Die angenommene intakte Fläche im Stadtgebiet war mit ca. 405 bis 607 qkm in einer „roten Zone" und ca. 2.428 qkm in einer „grünen Zone" noch sehr groß.

Viele Häuser in der Stadt waren zerstört, wie hier 1943 an der Averdunkstraße in der Innenstadt. Dennoch bewiesen Aufklärungsfotos und Agentenmeldungen, dass die Stadt sich relativ gut erholt hatte. Mit einem einzigen massiven Schlag sollte ihr jetzt der Garaus gemacht werden. Mit einem Großangriff, wie ihn die großen Nachbarstädte schon erlebt hatten, rechneten viele Duisburger im Herbst 1944.

R.A.F. Form 540
See instructions for use of this form in K.R. and A.C.I.,
para. 2349 and War Manual Pt. II., chapter XX., and
notes in R.A.F. Pocket Book.

OPERATIONS RECORD BOOK

Page No. 462

of (Unit or Formation) R.A.F. Station, Graveley.

No. of pages used for day

Place	Date	Time	Summary of Events SECRET.	References to Appendices
Graveley.	14.10.44.	0721 to 1146	ATTACK ON DUISBURG. A/P 'Q'.	
			In accordance with the same instructions 7 Lancs took off	
			to attack A/P 'Q'. Total effort 235 a/c.	
			The weather was nil to 7/10ths drifting strata-cu. tops 8/12000 ft.	
			good visibility.	
			Owing to cloud and smoke only 2 a/c were able to identify	
			the A/P and saw Red T.I. down very close to it. The remaining a/c bombed on	
			estimated position of A/P or visually on built up area after identifying	
			outstanding landmarks such as the river and docks.	
			Defences were moderate H/F and all a/c attacked Primary.	
			ATTACK ON DUISBURG SPECIAL A/P.	
	0733 to 1105		7 Lancs also took off to attack a Special A/P. This was an	
			all P.F.F. attack by 35 a/c.	
			The weather was 3-6/10ths strata-cu. tops 5/8000 ft.	
			The target was attacked under good clear weather conditions and easily	
			identified by waterways and river. By 0908 hrs. the built up area could no	
			longer be seen owing to smoke and dust which was spreading N. Eastwards. Numerous	
			small fires were started and from south of the docks smoke was reported rising to	

In mehreren hundert „ORBs", den Aufzeichnungen aller Aktivitäten einer Einheit, findet man auf dem Flugplatz Graveley in Cambridgeshire die Einsätze am 14. Oktober 1944. Auch die seit Ende 1943 in den Wäldern des Duisburger Südens eingesetzten modernsten Radaranlagen konnten den Einflug der feindlichen Bomber nicht verhindern, da Abwehrwaffen nicht mehr ausreichend vorhanden waren. Ab Anfang 1944 litt die Zivilbevölkerung daher ganz besonders unter den Luftangriffen.

Auch am Morgen des 14. Oktober 1944 trafen die Sprengbomben ohne nennenswerte Gegenwehr ihre Ziele in der brennenden Stadt Duisburg. Die Aufnahme zeigt das Gebiet nördlich des Hauptbahnhofs.

Im „Kriegstagebuch der RAF" ist über die „Operation Hurricane" zu lesen:

14. Oktober 1944

Duisburg

Dieser Angriff war Teil einer speziellen Operation, die in den Geschichtsbüchern bislang nur wenig Beachtung gefunden hat. Am 13. Oktober erhielt Sir Arthur Harris den Befehl für die Operation Hurricane. Das BC war wahrscheinlich von diesem Befehl vorgewarnt worden, da es bereits kurz nach der Morgendämmerung am 14. Oktober in der Lage war, den ersten Teil der Operation durchzuführen.

Schwere Bomber hatten seit 48 Stunden keine Operationen mehr geflogen und 1.013 Maschinen, 519 Lancaster, 474 Halifax und 20 Mosquitos starteten mit Ziel auf Duisburg, begleitet von einer RAF Fighter Eskorte. 957 Bomber warfen 3.574 Tonnen Sprengbomben und 820 Tonnen Brandbomben auf Duisburg. 14 Maschinen werden vermisst, 13 Lancaster und 1 Halifax. Möglicherweise waren die Lancaster die früheren Wellen des Angriffs geflogen und hatten die Aufmerksamkeit der deutschen Flak auf sich gezogen, bevor die Flakstellungen durch die Bombardierung überrollt worden waren.

Für ihren Teil der Operation „Hurricane" startete die 8. USAAF 1.251 schwere Bomber, begleitet von 749 Fightern. Mehr als 1.000 der schweren Amerikaner bombardierten Ziele im Raum Köln. Die amerikanischen Verluste bestehen aus 5 schweren Bombern und 1 Jäger. Es wurde kein Flugzeug der Luftwaffe gesehen. Das BC flog zur Bomberunterstützung an diesem Tag mehrere „Radio Counter Measure" (Funkstör-)Angriffe.

15. Oktober 1944

Duisburg

Das BC beendet die Operation „Hurricane" durch den Start von weiteren 1.005 Maschinen, 498 Lancaster, 468 Halifax und 39 Mosquitos, um Duisburg in der folgenden Nacht noch einmal mit 2 Verbänden im Abstand von 2 Stunden anzugreifen. 941 Flugzeuge warfen in dieser Nacht 4.040 Tonnen Sprengbomben und 500 Tonnen Brandbomben. 5 Lancaster und 2 Halifax gingen verloren. Somit fielen rund 9.000 Tonnen Bomben in weniger als 18 Stunden auf Duisburg.

Braunschweig

Das BC konnte jedoch nicht nur mehr als 2.000 Maschinen in weniger als 24 Stunden gegen Duisburg in die Luft bringen, nein, die 5. BG hatte immer noch genug Schlagkraft, um Braunschweig mit 233 Lancaster und 7 Mosquitos anzugreifen. Die verschiedenen Ablenkungsmanöver und Jäger-Begleitungen, die das BC initiiert hatte, waren so erfolgreich, dass nur 1 Lancaster bei diesem Angriff verloren ging. Viermal hatte man in diesem Jahr versucht, Braunschweig zu zerstören, die 5. BG erreicht dieses Ziel in dieser Nacht unter Nutzung ihrer eigenen Markierungsmethode. Es war der schlimmste Angriff des Kriegs, die Altstadt wurde komplett zerstört.

Die Einsatzstärke innerhalb der vergangenen 24 Stunden umfasste insgesamt 2.589 Starts. Dabei verlor die RAF 24 Flugzeuge. Die Bombenmenge, die in diesen 24 Stunden insgesamt abgeworfen wurde, betrug 10.050 Tonnen. Davon fielen alleine 9.000 Tonnen auf Duisburg. Diese Rekordzahlen wurden im ganzen weiteren Kriegsverlauf nie wieder erreicht!

Während die Menschen in Duisburg, wie hier an der Poststraße, nach den Angriffen die Schuttmassen beseitigten, stellte die Auswertung der gesamten „Operation Hurricane" durch das Bomber Command alle Erwartungen in den Schatten. Einen Überblick gaben die abschließenden Berichte und Zusammenfassungen. Die Gesamtdarstellung der „Operation Hurricane" wurde am 16. Oktober herausgegeben.

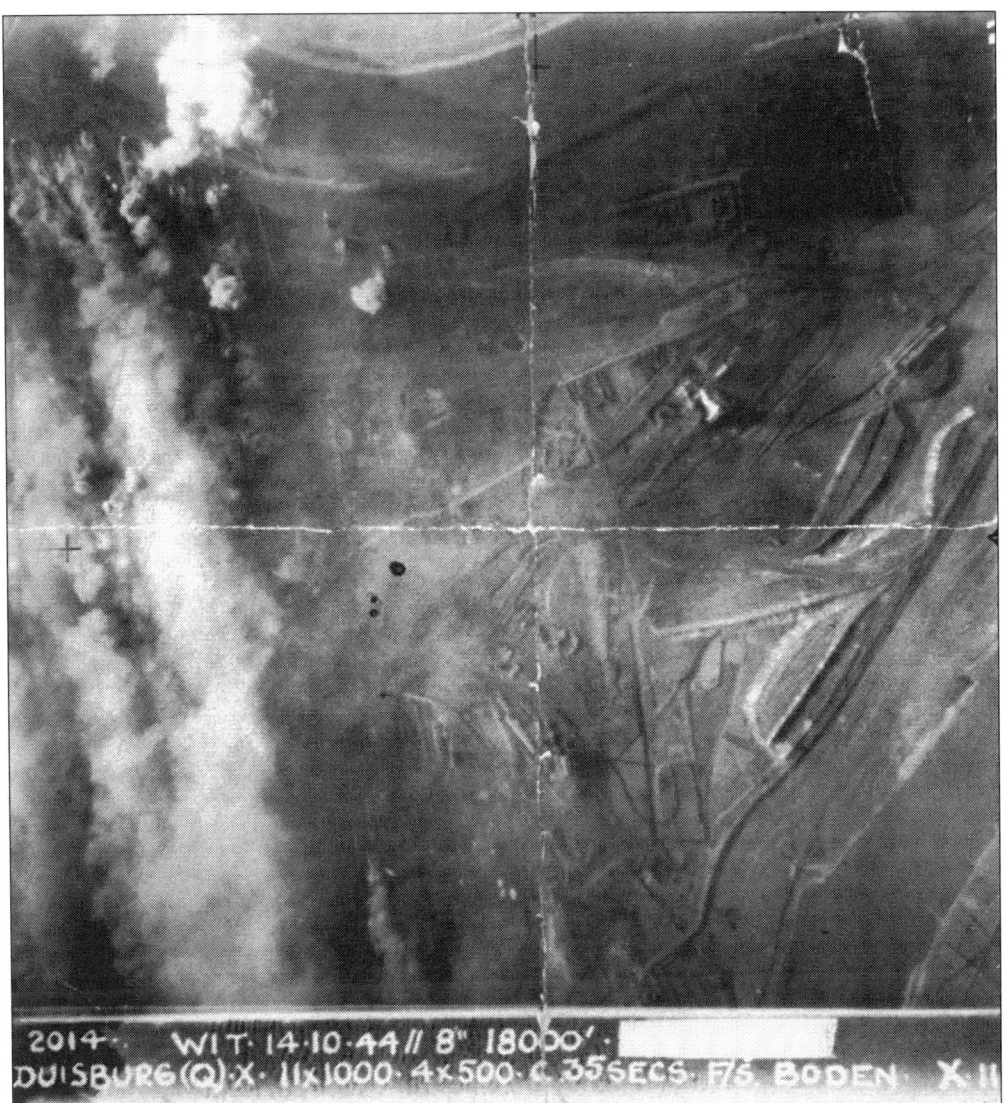

Dieses Zielfoto eines britischen Bombers enthält u.a. folgende Daten: das Datum 14.10.44, die Flughöhe von 18.000 Fuß, den Zielort Duisburg und die Bombenladung 11x1000 lb (Sprengbomben) sowie 4x500 lb (Sprengbomben). Man erkennt das Gebiet zwischen Laar und Beeckerwerth (oben) und Meiderich (unten). Experten der Auswertung beim BC stellten fest: „16 von 36 klassifizierten Industriebetrieben wurden beschädigt, zusammen mit weiteren 24 nicht klassifizierten Industriebetrieben.“

◄ Auch an der Mülheimer Straße fand man am Morgen des 15. Oktober nur noch rauchende Ruinen. Insgesamt waren auch noch 1.251 Flugzeuge der 8th US Air Force – 816 Fortress und 435 Liberator – in fünf Geschwadern gestartet, um Rangierbahnhöfe in Saarbrücken und Kaiserslautern sowie fünf weitere Rangierbahnhöfe und andere Ziele in Köln anzugreifen. 1.106 Flugzeuge warfen 3.013 Tonnen Bomben unter Anwendung der Pfadfindertechnik ab.

Das Maschinenhaus im Hüttenwerk Meiderich am Morgen des 15. Oktober 1944. Fünf der 14 verzeichneten öffentlichen Einrichtungen waren getroffen, u.a. die Thyssen Gas- und Wasserwerke, zwei gasbetriebene Kraftwerke bei Hamborn-Alsum und das Gaswerk Homberg. Ausgedehnte Zerstörungen wurden bei den Eisenbahneinrichtungen angerichtet. Schätzungsweise wurden 516,8 Hektar der Stadt verwüstet.

Die Bombenlast bestand zum großen Teil aus Langzeitzündern, die erst nach Stunden detonierten und die Rettungsarbeiten hemmten. Der Versuch, die Stadt zu vernichten, darf als gelungen bezeichnet werden. Das zeigt auch diese Aufnahme der Ruhrorter Straße in Kaßlerfeld. Zum ersten Mal hatte man „Wohnblockknacker" eingesetzt, Luftminen von ungeheurer Sprengwirkung.

Nach diesen Angriffen hatte Duisburg sein Gesicht verloren. Eine größere Katastrophe hatte die Stadt in ihrer ganzen Geschichte noch nicht erlebt. Die Menschen, die hier auf der Papendelle die Zerstörung ihrer Stadt nach dem „Dreifachschlag" betrachteten, sahen nur noch Ruinen und Trümmer. Im Hintergrund erkennt man das Vincenz-Hospital.

Treffend lautete die Überschrift in „The People", London, am 15. Oktober 1944: „Größter Blitz auf Deutschland – Duisburg durch 4.500 Tonnen ausradiert". Und weiter: „Den zerstörerischsten Angriff des Kriegs überhaupt gegen eine deutsche Industriestadt flog gestern die RAF. Sie hat Duisburg, den größten Binnenhafen im Reich, mit 4.500 Tonnen Spreng- und Brandbomben augenscheinlich ausradiert."

Dieses Foto, das den Sonnenwall kurz vor dem Kuhtor zeigt, bestätigt den Bericht, den die Briten das erste Mal am frühen Morgen des 15. Oktober um 7.00 Uhr in den „BBC Home News" hörten.

Im BBC-Radio erfuhren die Briten am 15. Oktober vom Sprecher Alvar Lidell u.a. folgendes über die „Operation Hurricane" in der vergangenen Nacht: „Duisburg, der große Hafen im Rheinland, am gestrigen Tag von mehr als 1.000 Lancaster und Halifax schwer bombardiert, wurde in der letzten Nacht erneut von einem riesigen Verband des BC angegriffen. Unsere Piloten, die über diesem wichtigen Kommunikationszentrum weniger als 50 Meilen vor der britischen 2. Army eintrafen, fanden immer noch die Brände der Brand- und Sprengbomben vom gestrigen Morgen vor, die in dem größten Einzelangriff, der jemals auf ein deutsches Industrieziel geflogen wurde, abgeworfen worden waren."

In den „Home News" um 18 Uhr ergänzte Sprecher Stuart Hibberd: „In der gesamten Geschichte des Luftkriegs gibt es nichts Vergleichbares mit dem Furor, der in den letzten 24 Stunden über Deutschland entfesselt wurde. Tausende alliierte Bomber setzten neue Rekorde und schlugen diese mit ihren eigenen Bomben. Und die Luftoffensive geht immer noch weiter. […] Heute griffen mehr als 1.200 Fortress und Liberator die Deutschen hinter ihren westlichen Abwehrlinien an. Sie bombardierten militärische Ziele in Köln, das gestern von mehr als 1.000 amerikanischen Heavies angegriffen wurde, und zwei Ölraffinerien in der Nähe von Düsseldorf." Und um 21 Uhr sendete Hibberd noch den folgenden Vergleich: „Im September 1940, dem intensivsten Monat der Bombardierung von London, den die Luftwaffe jemals durchführte, warfen die Deutschen weniger als 10.000 Tonnen Bomben ab und verloren 1.124 Flugzeuge. Die Angriffe auf Duisburg wurden in einem Zeitraum von nur 18 Stunden geflogen und unsere Verluste betrugen 20 Maschinen."

Am 16. Oktober 1944 meldete die Presseagentur Reuters: „Duisburg [...] war noch gestern Abend ein riesiges Flammenmeer. Unter der angegebenen Menge [Bomben] befanden sich eine halbe Million Brandbomben, also bedeutend mehr, als die deutsche Luftwaffe beim ganzen „Blitz" über London abgeworfen hat." An diesem Morgen sah man nördlich des Hauptbahnhofs immer noch zahlreiche Brände.

An der Nahestraße kurz vor der Hindenburgstraße im Wasserviertel gab es ebenfalls schwere Schäden und Tote. Die tatsächliche Zahl der Duisburger Todesopfer durch Luftangriffe lag wesentlich höher als bislang angenommen. Nach Auswertung Hunderter Quellen kamen dabei 2.936 Duisburger um.

Er hat die Bombenangriffe vom 14./15. Oktober 1944 überlebt. Vor den Trümmern, die das Bombardement in Kasslerfeld hinterlassen hat, ruhte sich dieser Mann auf einem Bombenblindgänger aus. Unter den vielen Toten, die der Angriff forderte, waren Zivilisten, Fremd- und Zwangsarbeiter, Kriegsgefangene, Hilfswillige, Schiffer in den Häfen, Helfer aus den Nachbarstädten und Wehrmachtsangehörige, die z.B. der Flak angehörten.

Der Blick von der Essenbergerstraße in Neuenkamp in Richtung Stadtzentrum ist einfach nur trostlos. Niemand rechnete damit, dass sich die Stadt von diesen Angriffen jemals wieder erholen könnte.

7

DAS ARSENAL DES SCHRECKENS –
DIE BOMBENTYPEN

Der Luftkrieg wurde jahrelang weitgehend von Sprengbomben bestimmt. Man konzentrierte sich auf die Konstruktion von Brisanzbomben unterschiedlicher Größe. In Deutschland unterschied man sie anhand ihres Gewichts in Kilogramm, in England anhand des Gewichts in Pfund, abgekürzt „lb" von lateinisch libra = Pfund. Hier wird eine Luftmine für den Einsatz vorbereitet.

Hier machen Waffenwarte der RAF zwei Sprengbomben scharf. Im Hintergrund warten mehrere Luftminen auf die Verladung.

In einem Gespräch mit Feuerwerker Friedrich Steinke im Munitionszerlegebetrieb Hünxe erläuterte dieser den Autoren die unterschiedlichen Bombentypen.

SPRENGBOMBEN

Vorherrschend waren die „GP-Bomben" (GP = General Purpose). Entwicklungstechnisch war diese Bombe besonders interessant. Sie hatte eine dickwandige Stahlgusshülle, wie schon die Bomben im Ersten Weltkrieg, und etwa 30 % Sprengstoffanteil. Der Name, der übersetzt „Bombe für die allgemeine Verwendung" bedeutet, verdeutlicht das Bestreben, eine Einheitsbombe für alle Zwecke zur Verfügung zu haben. Die Zerstörungsleistung der GP war relativ gering, wie sich bei der Besichtigung von Einschlagsstellen im Krieg herausstellte. Die betroffenen Gebäude waren leicht bzw. mittelmäßig beschädigt (Wand aus einem Zimmer herausgedrückt usw.). Die Splitterwirkung war dagegen groß und die „demoralisierende Wirkung" durch den scharfen Knall des in Stahlguss eingebetteten Sprengstoffs sehr stark.

Aus dem Durchmesser der Bombentrichter wurden seinerzeit oft falsche Schlüsse auf die Kaliber der abgeworfenen Bomben gezogen. Dabei hing die Größe eines Bombentrichters nicht alleine vom Kaliber der Bombe, sondern auch von der Zündverzögerung ab. Eine Bombe kleineren Kalibers, die mit Verzögerung versehen war, konnte im Erdboden detonieren und in 6 bis 10 Meter Tiefe ein birnenförmiges Loch reißen, während an der Oberfläche nur ein Einschlagkanal ähnlich wie bei einem Blindgänger zu sehen war. Die GP-Sprengbomben gab es in 12 Gewichtsgruppen.

BRANDBOMBEN

Die von den Briten als „Incendiary Bombs" bezeichneten Brandbomben gab es in 20 verschiedenen Arten. Sie waren die wohl wirksamste Waffe im Luftkrieg des Zweiten Weltkriegs. Wenn bei Großangriffen nach dem vorangegangenen Abwurf von Sprengbomben die „Brandbombenschüttbehälter" ausgeklinkt wurden und diese Zweischalenbehälter ihren Inhalt mittels Aufreißzündern aus 800 bis 1.200 Meter Höhe auf große Flächen verteilten, hatten nur wenige Menschen die Kraft, an Widerstand oder Feuerbekämpfung zu denken. Die Brandbomben hatten daher Zeit, ihre Wirkung zu entfalten.

Klein und unscheinbar am Anfang, durchbrannten allmählich Tausende von Feuern die Dächer der Häuser und vereinten sich zu Flächenbränden. Oft entstanden Säulen aus heißer Luft, mehrere Kilometer hoch und breit. Am Fuß dieser Säule strömten, z.B. vom Niederrhein kommend auf Duisburg, kalte Luftmassen hinzu. Die thermische Bewegung wurde immer heftiger, bis hin zum „Feuersturm". Kilometer vom Brandherd entfernt wurden Bäume ausgerissen und Dächer abgedeckt. In kurzer Zeit war die Temperatur so hoch, dass ihr alles, was brennbar war, zum Opfer fiel. Der Sauerstoffgehalt der Luft wurde aufgezehrt. Für die Menschen der betreffenden Gebiete gab es keine Rettung mehr.

Die Brandbomben ließen sich in vier Hauptgruppen einteilen: Elektron-Stabbrandbomben, Flüssigkeits-, Phosphor- und Flammstrahl-Brandbomben. Die Elektron-Stabbrandbomben wurden in großer Zahl abgeworfen. Fand man einen Blindgänger, war Vorsicht geboten. Ein Teil dieser Bomben enthielt nämlich Pulver- bzw. Sprengstoffzerleger.

Hier wird ein Brandbomben-Schüttbehälter für einen Angriff vorbereitet. Die englische 1,7 kg schwere Stabbrandbombe vom Typ INC 4 lb wurde in großer Menge über Deutschland abgeworfen. Die mit 90 bis 106 Brandbomben gefüllten Behälter zerlegten sich über dem Ziel und verstreuten ihren Inhalt.

Die sechseckige 4-lb-Stabbrandbombe bestand aus einer Elektron-Thermit-Mischung. Diese Feststoffbrandbombe war nicht nur sehr wirkungsvoll, sondern auch einfach herzustellen. Bombenträger und Füllung waren zugleich Brandstoff, der Temperaturen bis zur Intensität des elektrischen Lichtbogens entwickelte. Die 4-lb-Stabbrandbombe war verhältnismäßig leicht abzulöschen, indem man sie mit Sand abdeckte oder einfach zum Fenster hinauswarf, wenn man rechtzeitig an der Abwurfstelle war. Viele Menschen verloren bei solch waghalsigen Versuchen allerdings ihr Leben.

Die Flüssigkeits-Brandbomben zwischen 100 und 500 lb enthielten als Brandmasse hauptsächlich Benzin, Altöl und metallisches Magnesium. Ein sich durch die ganze Bombe ziehendes, mit Pulver gefülltes Zentralrohr riss die Bombe auf und entzündete die Brandmasse.

Eine entsetzliche Wirkung wurde mit der 30-lb-Brandbombe erzielt. Diese Bomben machten die Flächenbrände mit ihren grauenhaften Folgen erst möglich. Es war kaum anzunehmen, dass der englische Planer, der zuerst auf die Idee kam, in den handelsüblichen Gummilösungskanister unter das Wasser Phosphor zu bringen und diese Schicht wieder zuzulöten, gewusst hat, dass er den Vorläufer der „Königin der Brandbomben", die Phosphorbombe, erfunden hatte.

Die 30-lb-Flüssigkeitsbrandbombe ähnelte einer kleinen Sprengbombe, von der sie sich nur durch den dunkelroten Anstrich unterschied. Man hätte sie paradoxerweise fast für einen Handfeuerlöscher halten können, nur war ihr Inhalt bedeutend gefährlich. Die in Deutschland z.T. übliche Bezeichnung „Brandkanister" für die 30-lb-Flüssigkeitsbrandbombe war ebenso irreführend wie der Name Phosphorbrandbombe. Natürlich ähnelte das zerdrückte Blech der Bombe einem Kanisterblech. Und bis Frühjahr 1942 hatte es tatsächlich viereckige Kanister gegeben, die aber dann als ungeeignet abgeschafft wurden. Die Phosphorkanister wurden ohne Zünder abgeworfen, sie platzten am Ziel auseinander. Der Phosphor entzündete sich durch den Sauerstoff der Luft und die „vorzügliche", lang brennende Brandmasse, eine Gummilösung, stand bald in Flammen. Es entstanden kreisförmige Brandflächen, die sich noch verhältnismäßig leicht löschen ließen. Um die Wirkung zu erhöhen, wurde diese Mischung, Gummilösung mit Phosphor, später Kunstharze mit Phosphor, in dünnwandige 30-lb-Bombenhüllen eingebracht. Die Bomben wurden mit einem Aufschlagzünder und einer 30-Gramm-Schwarzpulver-Zerreißladung versehen. Beim Aufschlag wurde der Inhalt im Umkreis von fast vierzig Metern derartig verteilt, dass ungefähr auf jeden Quadratmeter ein Brandfladen kam. Fiel eine solche Bombe in ein Haus, markierte der Einschlagkanal zunächst eine Art Esse, die für gute Durchlüftung sorgte, und bald standen alle brennbaren Gegenstände in Flammen. Durch die ätzenden Phosphordämpfe war eine Bekämpfung ohne Gasmaske sehr schwierig.

Diesen Blick in den Bombenschacht eines Lancaster-Bombers fotografierte Richard Perry aus Vancouver, British Columbia, Kanada. Es handelt sich um die „Standardladung" für einen Brandangriff. Die Luftmine war natürlich zuerst auf ihrer Detonationshöhe und deckte Dächer ab. Dann fielen mit kurzer zeitlicher Verzögerung die Brandbomben in die Häuser.

1944 wurde dann auch die gefährliche 13-kg-Flammstrahlbombe abgeworfen. Beim Aufschlag schlug der Schlagbolzen aufgrund seines Beharrungsvermögens nach Überwindung der Sicherungslamellen das Zündhütchen an. Über das Zündpapier wurde der Anfeuerungssatz zum Abbrennen gebracht, der seinerseits die Thermithülse entspannte. Der aus Elektron bestehende Zünder wurde durch die hohe Temperatur verbrannt. Aus dem Zentralrohr sprühte das brennende Thermit heraus. Durch die starke Wärmeentwicklung beim Erhitzen des Thermits (Brenndauer 45 Sekunden) entstand über dem Benzin ein starker Überdruck, der nach Öffnung des Überdruckventils das Benzin durch das Wärmedruckrohr, das Sieb und die Sprühdose hinauspresste. Beim Vorbeistreichen des Benzins an der abbrennenden Thermithülle entzündete sich der Sprühstahl und erzeugte eine Stichflamme von drei bis fünf Meter Länge und etwa vier Minuten Brenndauer. Durch die Rückstoßkraft des an die Wände schlagenden Feuerstrahls wurde die Bombe zum Teil gedreht, so dass die ganze Umgebung in Flammen aufging, ohne dass innerhalb der Brennzeit etwas dagegen getan werden konnte.

Die Duisburger Luftkriegsstatistik unterschied die Brandbomben ab April 1941 nach „alter Art" (1,7 kg) und „neuer Art" (12,5 kg später 110 kg). Später wurden die Brandbombentypen auch mit „Phosphor" und „Kautschukbenzin" bezeichnet und als „Phosphorkanister" angegeben. Traurige Höhepunkte im Krieg der Brandbomben waren die Feuerstürme. Durch die enorme Erhitzung der Luft entstanden Sturmwinde, die einfach alles erfassten, was brennen konnte. Eine Feuerwalze von mehr als 1.000 Grad löschte jedes Leben aus. Tausende Menschen kamen in solch einer Feuerhölle ums Leben. Douglas Radcliffe von der RAF BC Association gab zu verstehen: „Wir bezeichneten die 4-lb-Brandbomben auch als Streichholz zur Brandstiftung."

LUFTMINEN

1942 packte die Menschen lähmendes Entsetzen, als die ersten Minenbomben zur Erde heulten. HC-Bomben (HC = High Capacity) wurden die neuen Bombentypen genannt. Die „Hohe Kapazität" bezog sich auf den hohen Sprengstoffanteil der dünnwandigen Bomben. In Deutschland wurden diese Bomben „Badeofen" oder „Wohnblockknacker" genannt. Und es waren wirklich badeofenähnliche Gebilde mit hochempfindlichen Aufschlagzündern. Irreführend war hingegen die Bezeichnung „Luftmine".

Durch eine enorme Druckwelle wurden im Umkreis von 100 Metern alle Gebäude gewöhnlicher Bauart zertrümmert. Die Menschen in den Wohnungen bis zu 50 Meter entfernt von der Explosionsstelle erlitten Lungenrisse. Türen und Fensterrahmen wurden noch in 1.000 Meter Entfernung herausgerissen. Traf eine solche Bombe das Dach eines Hauses, deckte sie benachbarte Gebäude im Umkreis von 100 Metern ab. Selbst bei Straßentreffern zwischen hohen Häusern wurde diese Wirkung bis zu zwei Parallelstraßen weit erreicht. Von diesen Minen gab es sechs verschiedene Arten. Nach der Bombardierung mit diesen Minenbomben wurden etwa 50 Prozent des Gesamtabwurfgewichts an Brandbomben auf die Städte geschüttet. Es wurden noch weitere „ideale Minenbomben" entworfen. Sie enthielten einen Sprengstoffanteil von 50 bis 60 %.

Die mit der Größe des Kalibers zunehmende „Unwirtschaftlichkeit" der Bomben führte zur Einführung neuer Bombentypen. Die Zerstörungsleistung der MC-Bomben (MC = Medium Capacity; mittlerer Sprengstoffgehalt) wurde erheblich gesteigert. Sie waren es, die in Verbindung mit den hochentwickelten Brandbomben das größte Zerstörungswerk des Zweiten Weltkriegs vollbrachten.

Am 7. Januar 1942 wurde angeblich die erste Luftmine über dem Duisburger Stadtgebiet abgeworfen. Gegen 7.20 Uhr gab es einen deutlich sicht- und hörbaren Einschlag im Stadtteil Obermarxloh im freien Gelände etwa 100 Meter nordwestlich der Emscherbrücke im Verlauf der Sterkrader Straße. Es entstand ein Sprengtrichter von etwa 50 bis 70 cm Tiefe und zwei Meter Durchmesser. Durch den bei der Explosion der Mine entstandenen Luftdruck wurden zwei Starkstromleitungen aus dem Hochspannungsleitungsnetz des RWE gerissen. An 89 Häusern im Umfeld der Abwurfstelle entstanden leichte Sachschäden. Bei dem Fliegerangriff in der Nacht vom 22. zum 23. Juli 1942 wurde nach einem großen Brandbombenangriff ebenfalls eine Luftmine abgeworfen. Sie zerstörte 22 Häuser völlig und verursachte Schäden an 360 Dächern.

Hunderte von Bombenfunden sorgten seit Kriegsende nicht nur in Duisburg immer wieder für Aufsehen. Und die Relikte jener Schreckensjahre sind immer noch gefährlich. Niemand vermag abzuschätzen, wie viele dieser Überreste des letzten Krieges noch im Boden der Stadt schlummern.

Wenn die Luftminen, die „block buster", fielen, war kein Pfeif- oder Heulton zu hören wie bei den Sprengbomben, die, von Blechleitwerken gesteuert, senkrecht herabfielen. Das Flattern, Rauschen und Scheppern der sich im Fall ständig überschlagenden Sprengstoffbehälter klang fremdartig und unheimlich. Da man mit ihnen kein genaues Ziel anvisieren konnte, wurden die Luftminen einfach mitten in die Städte hineingeworfen. Die Luftminen waren der Beweis für das Flächenbombardement ohne Unterscheidungen.

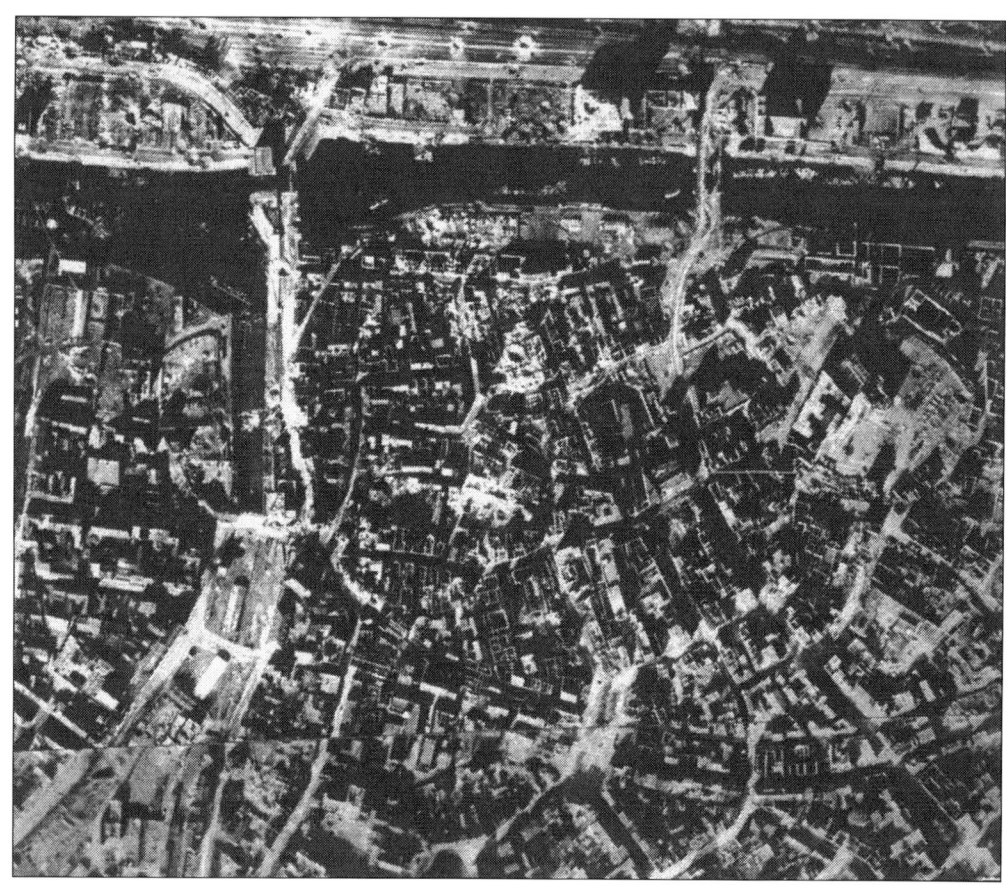

Den Untergang ihrer Städte hatten die Deutschen allerdings selbst heraufbeschworen. Für Luftmarschall Harris gewann die Brandbombe zunehmend an Bedeutung. Er hatte ihre Wirkung beim Angriff auf Coventry beobachtet und entwickelte hieraus seine Taktik. Eine erste Bomberwelle warf Sprengbomben von 500 oder 1.000 lb ab. Hierdurch sollten die Feuerwehr und die Rettungskräfte in Deckung gezwungen werden. Dann fielen Wohnblockknacker, um Dächer, Wände und Fenster einzudrücken. Gleichzeitig hagelte es Brandbomben. Wie wirksam diese Taktik war, zeigt dieses Luftbild der Altstadt von 1945, das Paul Bourdages aus Quebec zur Verfügung stellte.

8

DER LUFTKRIEG ESKALIERT

Eine neue Direktive von Air Vice Marshal N.H. Bottomley erreichte das BC Headquarter am 9. Juli 1941: „Sir, Ich bin angewiesen, Sie zu informieren, dass eine genaue Überprüfung der derzeitigen politischen, ökonomischen und militärischen Situation des Feindes erwiesen hat, dass seine Schwachpunkte in der Rüstung, in der Moral der Zivilbevölkerung und im inländischen Transportsystem liegen. Die weite Ausdehnung seiner militärischen Aktivitäten stellt eine zunehmende Auslastung des deutschen Transportwesens dar, und es gibt viele Anzeichen, dass unsere Angriffe gegen Industriestädte eine große Auswirkung auf die Moral der Zivilbevölkerung haben. Ich bin ersucht Sie anzuweisen, dass Sie die Hauptanstrengung der Bomberflotte, bis auf weiteren Befehl, auf die Störung des deutschen Transportsystems lenken und die Moral der Zivilbevölkerung als Ganzes zerstören, die der Industriearbeiter insbesondere!" Während der Vollmondabschnitte jedes Monats sollten die Bomber gegen Ziele im Umfeld des Ruhrgebiets entsendet werden. Es folgte eine Liste mit den Zielen für solche Angriffe: Hamm, Osnabrück, Soest, Schwerte, Köln, Düsseldorf und Duisburg.

Das 1943 an der Ecke Bismarckstraße/Memelstraße in Neudorf entstandene Foto zeigt das Eindringen des Luftkriegs in den Alltag und die Wohnviertel der Duisburger sehr deutlich.

Air Vice Marshal N.H. Bottomley sprach aus, dass es nicht mehr darum ging, Öltanks oder ähnliche Ziele zu bombardieren, sondern dass alles darauf ausgerichtet wurde, den Feind selbst, einschließlich seiner Zivilbevölkerung, zu treffen. Wie das in Duisburg aussah, zeigt diese Aufnahme vom 13. Mai 1943 mit dem zerstörten Curtius-Pilgrim-Altenheim an der Oberstraße, wo die letzten Habseligkeiten der Bewohner geborgen werden.

Eine noch eindeutigere Direktive der Stabschefs an das BC folgte: „Die deutsche Rüstungsindustrie muss an ihrer Wurzel ausgerottet werden. Die Wirtschaft, die sie stützt, die Moral, die sie aufrecht erhält, der Nachschub, der sie nährt, und die Hoffnung auf den Endsieg, die sie inspiriert, müssen mit aller Kraft angegriffen werden!" Am 20. Dezember 1942 konnten die Menschen an der Königgrätzerstraße in Hochfeld nur ihre Möbel aus den zerstörten Wohnungen retten.

Total zerstört waren nach dem Angriff vom 20. Dezember 1942 die Wohnhäuser an der Moselstraße im Wasserviertel.

Mit den Flächenangriffen wurde auch noch ein anderes Ziel erreicht: Reduzierung der deutschen Produktion. Die Zerstörung der Innenstädte und Stadtteile traf Werkstätten und Fabriken, unterbrach Versorgungsleitungen und das Verkehrsnetz, vernichtete Rohstoffe und Fertigwaren, störte die Versorgung der Arbeitskräfte und zwang Tausende von Arbeitern, vorübergehend ihre Energie in Aufräumungs- und Instandsetzungsarbeiten zu stecken.

Als Arthur Travor Harris am 22. Februar 1942 die Befehlsgewalt über das BC erhielt, hatte er nicht nur den Segen der britischen Regierung zum uneingeschränkten Bombenkrieg, auch die technischen Voraussetzungen wurden gerade jetzt grundlegend verbessert. Ende März 1942 änderte er die Angriffstaktik der RAF-Geschwader. Um eine möglichst große Wirkung zu erzielen, ließ er anstelle der bisherigen Einsätze in mehreren Wellen Flächenbombardements mit starken Verbänden durchführen. Zuvor mussten allerdings eine Reihe logistischer Probleme gelöst werden, um mehrere hundert Maschinen gleichzeitig starten und landen lassen zu können.

„Bomber Harris", wie der Marshall bald genannt wurde, übte dies am Beispiel Lübeck, das wegen der zahllosen alten Fachwerkbauten „so brennbar wie ein Feueranzünder war". Hauptzweck des Angriffs war es, die Taktik auszuprobieren, nach der eine erste Bomberwelle mit Brandbomben das Ziel für eine zweite Welle absteckte, die dann hochexplosive Sprengbomben herantrug. Die Anhänger des „moral bombing" konnten sich dank Harris endgültig durchsetzen. Am 30. März 1943 wurde Arthur Harris zum Air Chief Marshal der RAF befördert.

Die Richard-Dehmel-Straße in der Neudorfer Einschornsteinsiedlung wurde am 23./24. Juli 1942 von Bomben getroffen. Dies entsprach genau der „Directive 22", die am 14. Februar 1942 an das Bomber Command erging: „Es wurde entschieden, dass das Hauptaugenmerk Ihrer Operationen nunmehr konzentriert gegen die Moral der feindlichen Zivilbevölkerung und insbesondere gegen die Industriearbeiter gerichtet werden soll."

Mit seinen Thesen zur moralischen Destabilisierung der deutsche Bevölkerung, die Churchill und Air Chief Marshal Harris überzeugten, gehörte der 1886 in Baden-Baden als Sohn eines Bauunternehmers geborene Professor Frederick A. Lindemann nach seiner Nobilitierung zum Lord Cherwell zu jenen Männern in England, deren Einfluss Hunderttausende deutsche Zivilisten das Leben kostete und die Vernichtung unersetzlicher kultureller Werte zur Folge hatte. In den Ausführungen des Physikers hieß es u.a., „dass jede Tonne an abgeworfenen Bomben 100 bis 200 Menschen obdachlos machen werde". Außerdem sei es „erwiesen, dass Menschen durch die Vernichtung ihrer Wohnung moralisch stärker erschüttert würden als durch den Tod von Freunden und Verwandten."

Die neue „Direktive 22" autorisierte Harris, seiner Aufgabe „ohne jegliche Einschränkung" nachzukommen. Mit diesem Ziel vor Augen wurden vier Industriegebiete im Ruhrgebiet und im Rheinland, die alle in GEE-Reichweite lagen, zu Hauptzielen bestimmt. (Das TR-1335-Gerät, ein elektronisches Navigationsinstrument, war später unter der Bezeichnung GEE bekannt.) In der Liste A waren neben Duisburg drei weitere Städte als Hauptziele genannt: Essen, Düsseldorf und Köln. Sir Charles Portal schickte folgende ergänzende Nachricht an Air Vice Marshal Bottomley: „Bezug: Die neue Bombardierungsdirektive – Ich hoffe es ist klar, dass die Zielpunkte im bebauten Gelände liegen sollen, nicht über Hafenanlagen oder Flugzeugfabriken, wie diese im Anhang A angegeben sind. Dieses muss noch einmal klargemacht werden, wenn es nicht richtig verstanden worden ist!"

9

DIE LETZTEN KRIEGSMONATE IN DUISBURG

Nach den Oktoberangriffen waren zahllose Krankenhäuser der Stadt zerstört, wie hier das Vincenz-Hospital. Die Häuser, die die Bombardements bislang überstanden hatten, waren aufgrund zerstörter Versorgungsleitungen nicht mehr in der Lage, Schwerverletzte zu behandeln. Und so wurden Tausende von Patienten in Krankenhäuser im nahen und weiten Umland evakuiert.

Nach den drei schwersten Angriffen sollten Kranke und Verletzte am 16. Oktober die Stadt in einem Lazarettzug verlassen. Dieser kam am Mittwoch, 18. Oktober, immer noch nicht in Duisburg an, da die Wehrmacht angesichts der zerstörten Bahnanlagen außerstande war, den Zug heranzubringen. Ein Anruf beim „Transportkommando Essen" ergab, dass der „Lazarettzug 626" um 11.02 Uhr mit ca. zwei Stunden Verspätung in Wedau eintreffen sollte. Man wartete dringend, denn es waren rund 800 Betten in den Krankenhäusern ausgefallen, die Stadt verfügte nur noch über 2.000 Krankenbetten. Doch am 20. Oktober hatte der Lazarettzug die Stadt Duisburg noch immer nicht erreicht. Der Führer des „Luftschutz-San-Dienstes" teilte schließlich mit, dass der Zug am 19. Oktober in Mülheim-Speldorf mit 464 Patienten beladen worden und um 21 Uhr Richtung Magdeburg abgefahren war.

Da der Gau – wie die Bezirke in der NS-Zeit genannt wurden – Magdeburg keine Patienten mehr aufnehmen konnte, aber noch ein Transport mit 400 Kranken am 24. oder 25. Oktober von Duisburg abgehen sollte, wurde eine Anfrage an den Reichsgesundheitsführer im Reichsministerium des Inneren geschickt, der diese dem Gau Schleswig-Holstein zuwies. Dieser Transport war notwendig, da es in den Krankenhäusern an Wäsche mangelte, Wasser und Strom fehlten und die Hygiene in den Bunkern, insbesondere in den Aborten, mangelhaft war. Der Regierungspräsident von Schleswig stellte dem Lazarettzug aus Duisburg das Allgemeine Krankenhaus Lübeck/Abteilung Ost, das von Prof. Hansen geleitet wurde, zur Verfügung. Der Transport ging bis Lübeck Hauptbahnhof. Fräulein Dr. Overheid und Dr. Hessbrüchen vom zerstörten Josefshospital in Laar begleiteten die 400 Patienten. Für viele Duisburger wurde Prof. Dr. Karl Maria Hansen zum Lebensretter, und auch heute sind die Erinnerungen an den engagierten Mediziner aus der Hansestadt noch lebendig.

Maria Kranewinkel aus Meiderich berichtete: „Ich war damals 22 Jahre alt und in unserem Haus an der Bronkhorststraße verschüttet worden. Mein rechtes Bein war unter die Kellermauer gekommen und stark gequetscht. Ich kam zunächst in den Stollen an der Honigstraße und da wollte man mir das Bein abnehmen. Doch da waren so viele Verletzte, dass ich gar nicht drangekommen bin, und dann wurde ich auf einmal mit fast allen anderen Kranken dort rausgeholt und auf Lkw verladen. Wir fuhren bis zu einem Bahnhof und von da ging es weiter mit einem Zug. Keiner wusste wohin. Chefarzt in dem Krankenhaus war Dr. Hansen. Ein statser Kerl. Ich erinnere mich sehr gut an ihn, weil er sehr beruhigend auf die Schwerverletzten einwirkte: ‚Das wird schon wieder! – Das kriegen wir schon wieder hin!' Ich glaubte erst: ‚Na ja, lass den mal reden! ' – Aber nein, auch ich wurde operiert und hatte höllische Angst, dass man mir mein Bein wegnimmt. Aber als ich aufwachte war alles noch da."

Am Duisburger Waldfriedhof war die Sammelstelle für die Leichen. In mehreren Reihen übereinandergestellt füllten die Särge die Säuleneingänge am Friedhofseingang. Hunderte von Leichen lagen im Wald neben den Leichenhallen. Sie mussten von ihren Angehörigen identifiziert werden, bevor sie zur Beerdigung freigegeben wurden. In einer Pfarrchronik ist nachzulesen: „Wie einsam ist die Stadt. – Jerusalems Straßen sind leer geworden.' Was der Prophet vor Jahrtausenden sang, gilt auch für unsere Stadt. Sie ist leer und öde geworden."

Selbst nach den schwersten Angriffen ging der bürokratische Alltag weiter. Im Posthof und vor der Lohn-stelle beim Postamt 1 an der Königstraße konnte am 16. Oktober 1944 behelfsmäßig Post angenommen werden. Außerdem wurde die Kastenleerung wieder aufgenommen und die ersten Zusteller rückten aus. Post für Tote, Briefkästen unter Trümmern – welch bittere Ironie in all dem Elend.

Überall im Stadtgebiet wurde nach Verschütteten gesucht, auch hier an der Claubergstraße in der Innen-stadt. Viele können nur noch tot geborgen werden. Bei der Beerdigung der Opfer auf den Duisburger Friedhöfen wurden nicht nur Familienmitglieder gemeinsam in einem Grab beerdigt, sondern auch ganze Hausgemeinschaften, wie die Listen der Grabstellen zeigen.

Die Mülheimer Straße in Höhe des Lutherplatzes. Die Wucht der Bomben hatte die Straßenbahn-
schienen herausgerissen. Polizeimajor Kauermann gab am Morgen nach den Angriffen eine 20-seitige
Lagemeldung heraus. Alleine für Hamborn waren in einem zusätzlich angelegten Buch „Bauschäden
für Fliegerangriffe" auf elf eng beschriebenen Seiten die „schweren baulichen Schäden" und auf weiteren
14 Seiten „bauliche Kleinschäden" detailliert aufgelistet.

Förmlich ausradiert war die Neudorfer Straße im November 1944 und man konnte bis zu den Dächern
des Hauptbahnhofs blicken. Die Menschen rückten in den noch stehengebliebenen Häusern zusammen. Viele mussten frieren, weil der letzte Kohlenofen den Bomben zum Opfer gefallen war. Von den
280.000 Einwohnern, die es Anfang Oktober noch in Duisburg gab, verließen nach den verhängnisvollen
Tagen 50.000 die Stadt.

Ab dem 16. Oktober trafen zahllose Hilfskräfte aus dem gesamten Reichsgebiet in Duisburg ein. Hier sehen wir eine Gruppe an der Ecke Unterstraße/Marientorstraße in der Altstadt. Immer wieder gab es Alarme, die die Aufräumungsarbeiten hemmten. Am 17. Oktober veröffentlichte der Duisburger Ober-bürgermeister Freytag eine Bekanntmachung zur Schadensbeseitigung.

Einer Chronik der evangelischen Kirche an der Wildstraße ist zu entnehmen: „Der Bunker Gneisenaustraße ist so voll und die Leute sind so ängstlich. Die Luft im Bunker ist entsetzlich, da die Entlüftungsanlagen fehlen und viele Ausgebombte ihn als Wohnung benutzen. Wie die Leute das in dieser Luft aushalten, ist mir ein Rätsel. […] Im Bunker spreche ich mit einem Angestellten der Brotfabrik Knäpper, wo man schon 50 Tote geborgen hat. Über dem Luft-schutzkeller lagerten viele Säcke Mehl übereinander gestapelt. Auf diese Säcke fiel die Bombe und drückte die Bunkerdecke ein und damit auch die Mehlsäcke mit nach unten, wodurch alle Insassen erdrückt wurden."

Mit Grauen lasen die Duisburger, die die Angriffe vom 14./15. Oktober überlebt hatten, über Wochen vom „Tod durch tragisches Geschick", den die Menschen gefunden hatten. Die Todesanzeigen erstreckten sich zum Teil über drei bis vier ganze und eng bedruckte Zeitungsseiten. Sie trugen den damals üblichen Titel: „Für Führer, Volk und Vaterland starben den Heldentod". Jeder, der die Toten kannte, wusste, dass ihr Tod nicht heldenhaft, sondern schrecklich gewesen war.

Am 18. Oktober wurden noch Verschüttete aus dem Werkkeller der Firma Berninghaus geborgen und zum Waldfriedhof in Wanheimerort gebracht. Man nahm an, dass beim ersten Luftangriff am 14. Oktober 1.500 Menschen umgekommen waren, bei den Angriffen in der Nacht rund 500. „Diese Zahlen sind jedoch unverbindlich!", so ein Nachsatz im „Duisburger General-Anzeiger".

Das Leben in der Stadt war zum Erliegen gekommen und der öffentliche Personennahverkehr komplett zusammengebrochen. Das Straßenbahndepot an der Mülheimer Straße und die dort abgestellten Straßenbahnen waren ausgebrannt.

Ein Chronist vermerkt am 18. Oktober 1944: „Heute bin ich zuerst im Wirtschaftsamt, hole mir für 5 Tage Verpflegung, dann wegen Vollalarm in den Bunker Mercatorstraße/Friedrich-Wilhelm-Straße, wo ich helfe, Luft zu pumpen. Das muss mit der Hand gemacht werden, wenn kein Strom da ist. Dann zur Bank, wo es traurig aussieht. Die Männer sind am Schutt wegräumen. Direktor Steinhauer, selbst total geschädigt, trägt Steine heraus. […] An der Ecke Bürger- und Lotharstraße liegen noch Leute unter den Trümmern und es brennt noch. Fast alle Villen an der Lotharstraße sind nicht mehr. Ganze Straßenzüge sind verschwunden. Heute Nachmittag bin ich in Hamborn gewesen, dort sieht es schrecklich aus. Warbruckstraße und alle Straßen rechts und links vernichtet. […] Heute gibt es wieder Wasser und Licht, aber nicht in allen Stadtteilen."

Einem Tagebucheintrag aus jener Zeit ist zu entnehmen: „Es regnet immer noch. Die Decken in den Schlafzimmern tropfen, die Betten ebenfalls, der Fußboden schwimmt. Wasser holen wir in Eimern von der Tonstraße. Butterbrote von der Hüttenschule und Essen von der NSDAP an der Lutherstraße. Wir schlafen alle im Keller. Post und Radio gibt es nicht mehr."

Da die Fernsprechleitungen immer noch nicht repariert waren, schrieb der damalige Schulrat Peter Lankes: „Ohne Drahtfunk weiß man nichts von den Vorgängen in der Luft!" Am 21. Oktober brannte zum ersten Male wieder das Licht. Am Tag darauf gab es mittags wieder Drahtfunk.

Zwei Wochen nach den Angriffen vermerkte Mia Wiedenfeld in ihrem Tagebuch: „Die Stadt sieht wüst aus. Einigermaßen erhalten ist nur noch der Süden. […] Von Duisburg Hauptbahnhof fährt kein Zug mehr. Erst ab Wedau oder Mülheim kommt man weiter. Die Fahrt bis Dortmund dauert 10–14 Stunden." Hier sieht man den Osteingang zum Hauptbahnhof im November 1944. Kein Mensch ist zu sehen, das Dach ist ein Stahlskelett.

Ein Chronist fasste seine Eindrücke an diesem Tag zusammen: „Ruhrort, Laar, Beeck bilden auf weiten Strecken in ganzen Straßenzügen ein Bild völliger Zerstörung. Die übrigen Stadtteile, insbesondere der Stadtkern, sind nicht minder hart betroffen. Einzelfälle von Zerstörungen zu berichten erübrigt sich angesichts der furchtbaren Vernichtung an allen Ecken und Enden." Hier sieht man die zerstörten Häuser an der Plessingstraße im Dellviertel.

Anfang November waren laut Helferliste noch im Einsatz: 10 Mann Feldköche und 10 Feldküchen des Generalkommandos Münster, 22 Zuchthäusler aus Lüttringhausen und 25 weitere aus Wuppertal zur Bombenräumung, der Bagger aus Düsseldorf, 8 Wasserwagen aus Düsseldorf-Reisholz und sogar aus den sächsischen Gemeinden Leipzig, Dresden und Plauen. Hier ist ein Bagger an der Ecke Duissernstraße/ Moltkestraße in Duissern eingesetzt.

In Laar stieg ab November 1944 das Rheinwasser stetig. Rudolf Zillgen erinnerte sich: „Da alle Pump-werke zerstört waren, gab es nun auch noch Hochwasser. Auf den Straßen waren Notbrücken gebaut, die bei Bombenabwürfen regelmäßig umgeworfen wurden. Täglich explodierten Blindgänger, stürzten Häuser ein und schreckten die Menschen in ihrer Not auf.“

In der Trümmerlandschaft in der Altstadt suchten Menschen nach den Resten ihrer Habe. Lebensmittel aufzutreiben, war für viele Duisburger Familien im Dezember 1944 die Hauptsorge.

So erinnerte sich eine Zeitzeugin: „Um etwas für Weihnachten aufzusparen, haben wir vorher gehungert. Die Zuteilungen reichten kaum für einen vollen Monat, und die älteren Kinder verzichteten auf so manches, damit die kleineren Geschwister etwas zu essen hatten. Ich werde nie den Lastwagen vergessen, der kurz vor den Weihnachtstagen 1944 mit einer Sonderzuteilung Porree auf dem Altmarkt stand. Als Festessen kochte meine Mutter Porree-suppe. Sie schaffte es sogar, mit ein wenig Zucker ganz primitiv in der Pfanne ein paar Weih-nachtsbonbons zuzubereiten."

Schwester Irmoldis erlebte das Weihnachtsfest 1944 im St.-Johannes-Hospital in Ham-born: „Leuchtkugeln, mit denen die Bomberbesatzungen ihre Ziele markierten und die der Volksmund Christbäume nannte, zertrümmerte Häuser und mit Brettern vernagelte Fenster, weil die Scheiben zu Bruch gegangen waren und kein Ersatz zu bekommen war. […] Trotz aller Not und trotz des Kampfes ums nackte Überleben versuchten die Menschen, anderen und sich zu Weihnachten eine kleine Freude zu bereiten und die Feiertage ein wenig festlich zu gestalten."

„Weihnachten fällt aus" kursierte zur Weihnachtszeit in der Stadt: „Weihnachten fällt die-ses Jahr weg. Josef ist eingezogen, Maria beim Roten Kreuz, das Kind ist evakuiert, Ochse auf Lebensmittelkarten! Und mit dem Esel allein kann man nicht Weihnachten feiern." Müde und mutlos harrte man auf das Fest des Erlösers, der doch der Welt den Frieden bringen wollte. Nirgendwo in der Trümmerlandschaft Duisburgs wollte allerdings so rechte Christ-tagsfreude aufkommen.

Im Januar 1945 begann das letzte Kriegsjahr für Duisburg. Im gesamten Stadtgebiet wurden Panzersperren errichtet, so auch hier an der Königstraße in Höhe des Mercatorhauses. Ein sinnloses Unterfangen, dessen war sich jeder Duisburger bewusst. Es kursierte der Witz, die Amerikaner bräuchten eine Stunde und eine Minute zum Durchfahren der Sperren: „Eine Stunde zum Lachen und eine Minute zum Durchfahren!"

Ab dem 6. März 1945 war Duisburg sechs Wochen dem Beschuss durch die Artillerie der Alliierten ausgesetzt. Hier gibt ein Beobachter der US Army den Geschützen des Bunkers an der Hochfeldstraße in Rheinhausen die Ziele für den Beschuss der Duisburger Seite. Tiefflieger schossen auf die Menschen in den Straßen. Duisburg war nun unmittelbares Frontgebiet.

Am 17. März 1945 trafen die
Granaten einen Öltank der Firma
Curtius in Wanheim und set-
zen ihn in Brand. Die Qualm-
wolke war weithin sichtbar und
wurde von einem Luftaufklärer
fotografiert.

Und auch der Beobachter auf dem Bunker an der Hochfeldstraße dokumentierte den Brand mit seiner
Kamera. Der Blick geht über die Industrieanlagen der Krupp'schen Friedrich-Alfred-Hütte.

Das Polizeipräsidium an der Düsseldorfer Straße erhielt am 30. November 1944 einen Bombenvolltreffer. Ab September 1944 war SS-Gruppenführer Franz Bauer, ein „Alter Kämpfer" der Partei, Polizei-präsident in Duisburg. Drei Tage vor der Kapitulation Duisburgs befahl er noch Hinrichtungen. Am 21. März wurden noch 30 Häftlinge auf dem Waldfriedhof erschossen, unter ihnen sechs Deutsche, ein Belgier und ein niederländischer SS-Mann mit seiner Braut.

Anfang März 1945 flüchteten deutsche Truppen über die noch nicht gesprengte Adolf-Hitler-Brücke von Uerdingen nach Mündelheim. Die US-Armee wollte die intakte Brücke erobern. Sie wurde um 6 Uhr am Morgen des 4. März 1945 gesprengt und versank in den Rheinfluten.

Am 12. April 1945 wurde Mündelheim im Duisburger Süden von Amerikanern befreit und die Bevöl-kerung musste auf dem Rheinheimer Weg antreten. Am Abend des 13. April 1945 meldete der Sender Radio Luxemburg in deutscher Sprache: „Die alliierten Truppen haben Duisburg erobert!" Unerwähnt blieben die 25.291 Duisburger, die ein Opfer dieses Krieges geworden waren.

In Duisburg schätzte man den Trümmerschutt 1946 auf 8.214.809,4 Kubikmeter. Wäre der Schutt ein gleichseitiger Würfel, dann hätte dieser eine Kantenlänge von 201,78 Metern. 39 % der Wohnungen waren vernichtet. So wie hier an der Ecke Prinzenstraße/Hohenzollernstraße in Duissern (Bäckerei Bonert) sah es fast überall in der Stadt aus.

Erst Anfang 2012 fanden die Autoren noch nie gesehene Privataufnahmen, die die zerstörte Stadt am 10. Mai 1945 zeigen. Hier veranstalten GIs der 392. Bomber Group der USAAF ein Picknick auf dem König-Heinrich-Platz. Sie waren auf einer „Cooks Tour", auf denen verdiente Stabschefs und Soldaten bombardierte Gebiete in Deutschland besichtigten. Im Hintergrund ist die Ruine des Mercator-Palastes zu sehen und rechts das Rheingoldhaus Ecke Hohestraße.

Master Sergeant Ernest H. Barber von der 578th Bomber Squadron in seinem Tagebuch: „Als wir den Rhein gegenüber von Duisburg erreichten, mussten wir uns in einer Warteschlange anstellen, da wir eine Pontonbrücke überqueren mussten. Hier sahen wir endlose Schlangen von deutschen Zivilisten, die Karren und Fuhrwerke schoben und zogen, auf denen sich all ihre persönlichen Habseligkeiten befanden." Im Hintergrund die Duisburger Kupferhütte.

Die Flugzeuge für die Besichtigunstour am 10. Mai 1945 waren um 7 Uhr gestartet und landeten auf einem Flugplatz bei Venlo. Von dort fuhren die Männer nach Duisburg, wo sie gemütlich herumbummeln konnten und ihr Mittagessen einnahmen. Hier ist die Gruppe an der Knüppelgasse in der Nähe des Rathauses.

Die Soldaten waren zwischen 11.45 Uhr am Morgen und 16 Uhr am Nachmittag in der Stadt. Hier sieht man sie im Innenhof der Ruine des früheren Diakonen-Krankenhauses zwischen Obermauerstraße und Gutenbergstraße.

Ein Foto, das nicht besser als Symbol für das Ende des Krieges und der Naziherrschaft in Duisburg stehen kann, zeigt die Kapelle des Vincenz-Hospitals im Dellviertel im Juli 1945. Ein durch Bombentreffer erzeugter Riss durchbricht das Symbol der Diktatur, die auch in Duisburg so viele Opfer gefordert hat.

Es hat das Inferno des Zweiten Weltkrieges mit schwersten Zerstörungen überstanden, das Stadttheater Duisburg, hier im Mai 1945. Am 7. November 2012 konnte das Haus mit einem großen Festakt sein 100-jähriges Bestehen feiern.

Mit dem „Tausendjährigen Reich" hatte Hitler eine Bühne geschaffen, auf der er seine Vorstellungen der Wagnerschen Götterdämmerung verwirklichte. Wagners Regieanweisungen für den Weltenbrand hatte er wörtlich genommen. Die Menschheit, die bei Wagner den Untergang ihrer alten Ordnung überlebt, hatte Hitler jedoch so nicht vorgesehen.

Das Ende des Nationalsozialismus sollte nicht das Ende Deutschlands sein. In den kommenden Jahrzehnten wuchs aus den Trümmern des Zweiten Weltkriegs ein wirtschaftlich prosperierender, demokratischer Sozialstaat – vor allem auch mit Hilfe der USA.

Und auch für alle Duisburger, die diese Zeit miterlebt haben, war 1945 nicht nur das Ende des schrecklichen Kriegs, das Ende der Angst in den Bombennächten, das Ende der nicht abreißenden Todesmeldungen von den Fronten. Vor allem war es das Ende der Gewaltherrschaft des Nationalsozialismus.

Die Heimat entdecken!

Von Kiel bis Wien,
von Aachen bis Görlitz:
Entdecken Sie Alltagsgeschichten
aus Ihrer Heimatstadt!

Leben in der Großstadt …

Tauchen Sie ein in das quirlige Großstadtleben vergangener Tage. Spazieren Sie über breite Boulevards und stürzen Sie sich ins Nachtleben. Erkunden Sie ihre Stadt durch die Fensterscheiben einer Straßenbahn oder des ersten Käfers und bewundern Sie prächtig geschmückte Schaufenster.

... und ländliche Idylle

Wie sah das Leben in Ihrer Heimat aus, als die Bauern noch mit Pferden pflügten und jedes Dorf seinen eigenen Schmied hatte, jeder noch jeden kannte und das Leben sich zwischen Kirche, Wirtshaus und Wohnküche abspielte?

Erinnerungen an die Schulzeit …

Erinnern Sie sich noch an die Zeiten von Abakus und Schiefertafel, an Klassenausflüge oder den ersten Taschenrechner? Blicken Sie zurück auf große Klassen und gestrenge Schulmeister, entdecken Sie auf Klassenfotos Freunde und Bekannte von früher!

... und das Arbeitsleben

Entdecken Sie, wie sich das Arbeitsleben in den letzten hundert Jahren verändert hat. Werfen Sie einen Blick in Fabrikhallen, blicken Sie Handwerksmeistern bei ihrer Arbeit über die Schulter und erinnern Sie sich an den Einkauf im Tante-Emma-Laden.

Gesellige Stunden im Verein …

Fußballclub und Schützenverein, Musikkapelle und Gesellenverein: Schauen Sie zurück auf Volksfeste und Turniere, Chorproben oder Prunksitzungen. Erinnern Sie sich an schöne Stunden und das gesellschaftliche Leben in Ihrer Heimat.

... und im Familienkreis

Werfen Sie einen Blick in die Wohnzimmer vergangener Tage und entdecken Sie, wie sich zwischen schweren Eichenmöbeln, Nierentischen und Ikea-Regalen der Alltag verändert hat. Erleben Sie Familienfeiern und Weihnachtsfeste im Wandel der Jahrzehnte mit.

Zeitfracht Medien GmbH
Ferdinand-Jühlke-Straße 7
99095 Erfurt, Deutschland
produktsicherheit@kolibri360.de

Druck:
CPI Druckdienstleistungen GmbH
im Auftrag der
Zeitfracht Medien GmbH
Ein Unternehmen der Zeitfracht - Gruppe
Ferdinand-Jühlke-Str. 7
99095 Erfurt